Peter F. Cronau

PFERDESPORT
WOHIN?

BUCKINGHAM PALACE

Dr. Peter Cronau has been a working vet with international teams and has been a very determined Chairman of the International Equestrian Federations' Veterinary Committee. The role of this committee has become more and more critical to the future of Equestrian sport and Peter Cronau has spent an enormous amount of time and energy working to bring owners, trainers, managers and vets to a better understanding of their responsibilities to the horse. Peter has ruffled a few feathers and I have no doubt this book will challenge some conventional thinking.

The International Equestrian Federation has been trying to set standards and broaden the acceptance of those standards and principles. Debate is an important part of learning and of spreading knowledge. I hope this book will help that process – without ruffling too many feathers!

Dr. Peter Cronau hat als Tierarzt mit internationalen Mannschaften gearbeitet und ist ein höchst entschlossener Vorsitzender des Veterinärkomitees des Internationalen Reitverbandes. Die Rolle dieses Komitees ist für die Zukunft des Reitsports von größter Bedeutung. Peter Cronau hat außerordentlich viel Zeit und Energie darauf verwandt, Besitzern, Trainern, Organisatoren und Tierärzten ihre Verantwortung für das Pferd näherzubringen. Peter hat für einigen Wirbel gesorgt, und ich bin sicher, daß dieses Buch manches konventionelle Denken in Frage stellen wird.

Der internationale Reitverband bemüht sich, Richtlinien zu setzen und für die Einhaltung dieser Richtlinien und Grundsätze auf einer breiten Basis zu sorgen. Debattieren ist für Lernprozeß und Wissensvermittlung unabdingbar. Ich hoffe, daß das vorliegende Buch dazu beiträgt, diesen Vorgang auf den Weg zu bringen, ohne dabei unnötige Aufregung zu verursachen.

Peter F. Cronau

PFERDESPORT WOHIN?

Ein kritischer Blick hinter die Kulissen

Die Deutsche Bibliothek –
CIP-Einheitsaufnahme

Cronau, Peter F.:
Pferdesport wohin? : Ein kritischer Blick hinter
die Kulissen / Peter F. Cronau. –
München ; Wien ; Zürich : BLV, 1995
ISBN 3-405-14756-5

Für Isabel,
Frederic und Marc

Bildnachweis
Zeichnung: Jörg Mair, Odelzhausen
Umschlaggestaltung: Network, München
Umschlagfoto: Image Bank Agentur

Herstellung: Friedrich Wilhelm Bonhagen

BLV Verlagsgesellschaft mbH
München Wien Zürich
80797 München

© 1995 BLV Verlagsgesellschaft mbH, München

DTP: Satz + Layout Fruth GmbH, München
Druck und Bindung: Friedr. Pustet, Regensburg

Gedruckt auf chlorfrei gebleichtem Papier

Printed in Germany ISBN 3-405-14756-5

Inhaltsverzeichnis

Vorwort

Den Blick in die Zukunft soll man nur wagen, wenn die Vergangenheit wie auch die Gegenwart gewertet werden. Die Zukunft beginnt jeden Augenblick neu, Erfolg ist immer etwas Historisches. Die Geschichte des Pferdesports ist im Laufe der Jahre immer wieder von den verschiedensten Autoren mehr oder weniger intensiv beleuchtet worden. August Postolka hat in seinem Buch über die »Geschichte der Thierheilkunde« (Wien, 1877) gesagt: ». . . wer von der Geschichte seines Fachs nichts weiss, ist ein Fremdling in seinem eigenen Hause«. Aus diesem Grund nimmt das vorliegende Buch trotz seines in die Zukunft gerichteten Titels »Pferdesport wohin?« immer wieder Bezug auf Geschehenes.

Was hat den Autor veranlaßt, sich Gedanken über die Zukunft des Pferdesports in Form dieses Buches zu machen? Mein Beruf, meine sportpolitischen Aufgaben und meine Position als Vorsitzender der Veterinärkommission des Weltreiterverbandes (FEI) haben mir zahlreiche Horizonte geöffnet. Von Anchorage bis Australien habe ich die Pferdewelt erlebt. Den kleinen Freizeit-Pferdestall um die Ecke sehe ich jeden Tag.

Soll das die von vielen Seiten geforderte artgerechte Haltung sein, wenn die Pferde bei jedem Wind und Wetter bis zum Bauch im Morast stehen? Was machen denn saurer Regen und Ozon mit der Pferdehaut? Und da sind auch noch die Pferde, die täglich in die Klinik eingeliefert werden und bei denen ich als erstes unseren Schmied beauftragen muß, die langgewachsenen Hufe zu beschneiden.

Warum sollen eigentlich die Militarypferde geschützt werden? Die werden dreimal am Tag bewegt, geputzt, gestriegelt, der Reiter tastet die Sehnen seines Pferdes mehrfach am Tag ab und sucht nach kleinen Schwellungen an den Gliedmaßen. Zweimal wöchentlich kommt der Tierarzt und kontrolliert den Kreislauf. Die Pferde dürfen nur mit Gamaschen als Schutzmaßnahme auf die Weide. Sind das denn die Pferde, deren sportliche Verwendung verboten werden soll und die angeblich so gequält werden? Das sind meiner Meinung nach doch die am meisten umsorgten Pferde!

Diese Ungereimtheiten habe ich lange beobachtet. Viele Pferdeleute leben in Kenntnis dieser Scheinwelt mit allen ihren Unwahrheiten. Tatsächlich leben wir mit diesen Diskrepanzen, aber wir setzen uns meistens nicht damit auseinander. Es ist mir kein Anliegen, den Schulmeister mit dem erhobenen Zeigefinger zu spielen. Es ist mir aber ein Anliegen, schlummernde Automatismen, die mit dem Pferd und dem Pferdesport zu tun haben, zu wecken und dem einen oder anderen ins Bewußtsein zu tragen.

Es sind nicht nur die Extreme, die mich dazu bewegt haben. Nicht nur der Mahnfinger soll erhoben werden. Die Krise im Pferdesport zeigt immer deutlichere Spuren. Das System krankt daran, daß die Fragen von gestern gestellt werden, aber die Antworten auch nur von gestern sind. Die Entwicklung des Umgangs mit der Kreatur Pferd, die fortschreitende Kommerzialisierung des Pferdesports, aber auch die Reaktion sogenannter Tierschützer verlangen die Versachlichung und eine moderate Weiterentwicklung in der Beziehung zwischen Mensch und Pferd. Niemals zuvor war der Grad der Kommerzialisierung größer als heute. Der Ruf nach Sponsoren und Professionalität ist nie lauter gewesen. Amateurismus – ein klassischer Wertbegriff des Sports – wird heute abwertend mit Dilettantismus gleichgesetzt.

Die Situation muß schonungslos analysiert werden. Perspektiven müssen entwickelt werden, um eine Richtungsänderung zu bewirken. Ohne Rücksicht auf Personen und Institutionen soll in diesem Buch im Sinn der Sache analysiert und konstruktiv kritisiert werden.

Peter F. Cronau

Evolution des Pferdes

Das Pferd hat sich aus einem Weidetier mit überdurchschnittlichem Sehvermögen und hoher Fluchtgeschwindigkeit, das als einzige aktive Abwehrbewegung das Schlagen insbesondere mit der Hinterhand nach seinen Feinden beherrscht, zu einem hochspezialisierten Athleten entwickelt. Wildpferde existieren nur noch in geschützten Reservaten wie in Dülmen, Neuseeland, der Camargue oder in Rußland.

Der Kopf des Pferdes ist so ausgebildet, daß den Augen ein souveränes Gesichtsfeld gewährt wird. Die Fähigkeit, Körpermasse und Gewicht zu entwickeln, ist durch die Gabe bedingt, Gras aufzunehmen, dieses in einem hochkomplizierten Verdauungstrakt aufzuarbeiten, um dann in seiner aufgearbeiteten Form resorbiert zu werden. Es wird angenommen, daß die luftgefüllten Nasennebenhöhlen und auch die Luftsäcke der Equiden dazu dienen, das enorme Gewicht des Kopfes zu reduzieren, um sein Anheben durch die Halsmuskulatur beim Herannahen von natürlichen Feinden zu erleichtern und um den Augen das nötige Gesichtsfeld zu gewährleisten. Viele Raubtiere können das Pferd auf kurze Distanz schlagen, aber bei einer längeren Flucht kann es seine Stärken wie eine überdurchschnittliche aerobe Muskelkapazität und ein effizientes Respirationssystem ausspielen, was für den Selbstschutz des Pferdes einst überlebenswichtig war.

Viele Raubtiere können das Pferd auf kurze Distanz schlagen.

Gegenüber dem Seh- und Hörvermögen ist der Geruchssinn vergleichsweise unterentwickelt. Die Nasenmuscheln mit ihren sensorischen Organen sind vor allem im Vergleich mit Hund und Katze deutlich reduziert. Für ein ausschließlich durch die Nase atmendes Tier erscheint diese anatomische Fügung allerdings sehr sinnvoll, jedoch müssen hiermit Nachteile in Kauf genommen werden, denn die Partikelfilterung der eingeatmeten Luft muß zwangsläufig unter dieser Gegebenheit leiden. Die Menge ist direkt abhängig von der Größe und umgekehrt proportional von der Luftgeschwindigkeit. Es ist also nicht verwunderlich, wenn das domestizierte Pferd gegenüber allergischen Erkrankungen bei der heute üblichen Stallhaltung sehr anfällig ist.

Der Widerstand in der Einatmungsluft beträgt in der Ruhe etwa 85%, sinkt durch die aktiven dilatierenden Mechanismen während des Trainings auf 50%. Je tiefer das Pferd einatmet, um so größer sind die Ausatmungskräfte, wenn die Lunge beim Ausatmen »zusammenfällt«. Die knorpelhaltigen Nasenmuscheln und die Luftröhrenknorpel bedingen eine relative Stabilität in den oberen Luftwegen, aber in drei anatomischen Regionen bedarf es aktiver muskulärer Mithilfe, um die Erweiterung der Luftwege zu erleichtern: bei den weichen Nüstern, beim Rachen und beim Kehlkopf. Genau in diesen anatomischen Regionen besteht die größte Empfindlichkeit. Die angemessene aktive Funktionserweiterung von **Nüstern, Rachen** und **Kehlkopf** gewährt dem Pferd eine maximale Luftausbeute, umgekehrt können Erkrankungen eines oder mehrerer dieser beschriebenen Regionen fatale aerodynamische Auswirkungen haben. Obwohl der Rachen mit seinem relativ großen Durchmesser und seinen aktiven Muskelkräften Lumeneinschränkungen gut verkraftet, scheint er Unregelmäßigkeiten des Luftflusses eher zu widerstehen als Kehlkopf und Nüstern.

Man kann die Menschheit sicherlich für die Ergebnisse der selektiven Züchtung verantwortlich machen. Die Veränderung des Gleichgewichts der Natur, relativ kleine Pferde auf den Weiden Europas und Amerikas grasen zu lassen, ist jedenfalls ordentlich durcheinandergebracht worden. In Zeiten, in denen innerhalb einer recht eng gezüchteten Pferdeart (US-Vollblüter) Innervierungsprobleme des Kehlkopfes (Kehlkopfpfeifer) mit bis zu 95% angegeben werden, ist es angebracht, die Grundlagen für die genetische Selektion nicht nur zu überdenken, sondern auch Konsequenzen durch »outcross« und gezielten Ausschluß betroffener Pferde von der Zucht zu ergreifen. Der Deutsche Schäferhund wäre wohl ausgestorben, wenn nicht in allerletzter Minute die Zuchtverbände Maßnahmen ergriffen hätten, die das Züchten mit der vererbbaren HD (Hüftgelenksdysplasie) verbieten. Wenn die Pferdezüchter nur über einen Weitblick verfügen, der über den Hofrand nicht hinausgeht, scheinen sich ähnliche Entwicklungen in der Pferdezucht wohl bald einzustellen.

Beim Bewegungsapparat verhält es sich ähnlich wie bei den Luftwegen. Was haben wir uns hier mit der Spezialisierung eingekauft? Sämtliche Disziplinen im Pferdesport haben spezi-

Die knorpelhaltigen Nasenmuscheln und die Luftröhrenknorpel beim Pferd bedingen eine relative Stabilität in den oberen Luftwegen; in drei anatomischen Regionen bedarf es aktiver muskulärer Mithilfe, um die Erweiterung der Luftwege zu erleichtern.

fische Krankheitssymptome (Berufskrankheiten) zu beklagen. Das **Dressurpferd** mit seinem enormen Schwung und der Fähigkeit, in Verstärkungen der Gangarten in der Vorwärtsbewegung »Boden zu gewinnen«, verfügt über Hebel, die besonders an den Nahtstellen zwischen protzig ausgebildeter Bewegungsmuskulatur und den Insertionsstellen am Knochen zu Problemen führen. Das **Springpferd,** über viele Jahre nur einseitig auf Sprungkraft gezüchtet, kann schon lange dieser Zuchtrichtung keine gesunde Antwort mehr geben. Das Gewicht, das die Vorderhand beim Landen aufnimmt, überschreitet das Eigengewicht um ein Vielfaches und führt zwangsläufig durch permanente Mikrotraumen zu Degenerationen an Gelenken, Bändern und Knochen. Der **Traber** mit seiner enormen Schubkraft aus der Hinterhand leidet an seiner Berufskrankheit Spat und an Problemen der Kniegelenke, während der **Galopper** mit Anfälligkeiten der Sehnen, dem noch zu beschreibenden Nasenbluten und Kehlkopfveränderungen geplagt ist.

Das Springpferd, über viele Jahre nur einseitig auf Sprungkraft gezüchtet, kann schon lange dieser Zuchtrichtung keine gesunde Antwort mehr geben.

Die deutsche Pferdezucht

Wenn man aktuelle Züchterstatistiken liest, muß man spontan erkennen, daß die deutsche Warmblutzucht mit Abstand die erfolgreichste der Welt ist. Zuchtland-Weltsieger kann man nicht nur per Zufall werden. Da müssen systembedingte Mechanismen vorhanden sein. Über Weltbedeutung verfügen nur die irländische, belgische, holländische und französische Zucht. Die meisten anderen Länder rekrutieren ihren Sportpferdebedarf mehr oder weniger aus diesen Zuchtressourcen. Die so erfolgreichen Schweizer Reiter verfügen beispielsweise bis dato über keine sportlich nennenswerten Zuchtergebnisse. Andere Länder Europas vermögen allenfalls lokale Zuchterfolge zu erzielen. Die auf den Schultern der Bundesländer ruhende Landespferdezucht ist viele Jahre der zentrale Pool gewesen. Erstmals hat 1993 die Anzahl der Bedeckungen von Privathengsten die Anzahl der Landbeschäler übertroffen. Sämtliche Zahlen zeigen (noch) zunehmenden Charakter.

Erstmals hat 1993 die Anzahl der Bedeckungen von Privathengsten die Anzahl der Landbeschäler übertroffen.

Übersicht Zucht (Stand 1993)

	Reitpferd	Kaltblut	Pony
Eingetragene Stuten	80 903	4 005	36 300
Privathengste	3 221	2 110	3 322
Landbeschäler	717	55	80
Bedeckungen Privathengste	37 055	2 072	25 857
Bedeckungen Landbeschäler	31 234	1 049	2 178
Registrierte Fohlen	38 786	1 599	16 761
Gekörte Hengste	485	41	569

Wir verfügen in Deutschland über überdurchschnittlich viele Zuchtstuten. Da nimmt sich eine Anzahl von 7000 reinen Warmblut-Zuchtstuten in dem so erfolgreichen Zuchtland Irland sehr bescheiden aus. Allerdings ist diese Zucht fast ausschließlich auf Springpferde und Hunter konzentriert. Das berühmte Irische Vollblut ist nicht eingerechnet. Irlands Pferde genießen den Ruf, leichtrittiger zu sein. Außerdem sagt man ihnen nach, daß sie von weniger starken Reitern gut nachzureiten seien. Dem Deutschen Reitpferd mißt man eher höheren Reiteranspruch zu. Die Ergebnislisten der Championate und Olympischen Spiele sind erstaunlich gut für ein Land mit einem solch geringen Stutenmaterial.

Der Verwendungszweck des Pferdes hat sich im Laufe der Jahre gewandelt. Unser heutiger Pferdebestand dient eigentlich nur noch der Bereitstellung für Freizeit- und Sportzwecke. Immerhin sind im Ersten Weltkrieg 5 bis 6 Millionen Pferde umgekommen, und vor dem Ersten Weltkrieg mußten jährlich 140 000 Pferde eingeführt werden, um den Bedürfnissen der Landwirtschaft und der Armee gerecht zu werden. So hat Burchard von Oettingen in seinem Buch »Grundzüge der Pferdezucht« bereits 1920 gesagt:

Der Verwendungszweck des Pferdes hat sich im Laufe der Jahre gewandelt.

»Die Notwendigkeit der Vergrößerung der Pferdezuchten in Deutschland verlangt allgemeinere und mehr verbreitete Kenntnisse in allen Zweigen der Pferdezucht, besonders in den Kreisen der kleinen Züchter. Nur durch Fleiß und Fachkenntnisse werden die Züchter die Pferdezucht erfolgreich und rentabel gestalten können. Wir werden in Zukunft vielfach billigeres Material aus dem Osten in unsere Landwirtschaft und auch in andere Betriebe einstellen und dafür wertvollere und teurere Pferde eigener Zucht – darunter auch Zuchtmaterial – ausführen müssen. Um das zu erreichen, muß jede Provinz mehr als früher die Zuchten bevorzugen, die auf ihrer Scholle gedeihen. Dazu sind allgemeine Kenntnisse über verschiedene Pferderassen und deren Aufzuchtart und Ernährung erforderlich.«

Herr von Oettingen hat damals die wesentlichen Prinzipien der Zucht erkannt, die auch nach der Wandlung vom Landwirtschafts- und Armee-Einsatz zum Sportpferd noch Gültigkeit behalten haben.

Wichtig sind die Bodenständigkeit, das Behalten wertvoller Zuchttiere trotz lukrativer Angebote, und die »Scholle«,

Wichtig sind die Bodenständigkeit, das Behalten wertvoller Zuchttiere trotz lukrativer Angebote, und die »Scholle«.

wobei letztere ein Paket von Faktoren darstellt. Es sollen erwähnt werden:

- Klima inklusive Niederschlag
- Wind
- Sonneneinfluß
- Waldschutz
- Meeresspiegelhöhe
- Luft
- Art des Wassers
- Bodenbeschaffenheit
- Umwelt (Parasiten)

Wie wichtig die »Scholle« ist, kann man auch daran erkennen, daß Zuchtversuche mit dem gleichen Material an anderer Stelle bisher trotz höchst engagierter Züchterinitiativen nicht von Erfolg gekrönt waren. Ich kenne Zuchtstätten in Brasilien, die auf rein Holsteiner Basis züchten. Die Pferde wachsen dort unglaublich rasch und werden viel größer als ihre Artgenossen in Deutschland, was jedoch ab einer gewissen Dimension nicht mehr von Nutzen ist. In Brasilien fehlt der Jahreszeitenrhythmus, was eine Erklärung für das kontinuierliche Wachstum sein kann.

Viele Vollblutzüchter haben wertvolles Zuchtmaterial in Irland erstanden und versuchen, an den klassischen deutschen Zuchtstätten ebensolche Erfolge zu erzielen wie im »grünen« Irland. Auch das ist bisher nicht gelungen.

Der Bewegungsreiz ist ein wesentlicher Bestandteil der Ausbildung des wachsenden Knochenskeletts.

Der Bewegungsreiz ist ein wesentlicher Bestandteil der Ausbildung des wachsenden Knochenskeletts. Beim direkten Vergleich zweier Versuchsgruppen, wobei die erste nahezu immobilisiert war und die zweite sich frei bewegen konnte, war eindeutig festzustellen, daß die bewegungsintensivere Gruppe größer wurde und das Skelett sich besser und gründlicher ausbildete.

Ähnliche Verhältnisse liegen vor, wenn man Jungtiere alleine aufzieht. Das Pferd ist ein Herdentier und bedarf des entsprechenden sozialen Umfelds. Isoliert gehaltene Jungtiere bleiben im Wachstum zurück.

Das Pferd ist ein Herdentier und bedarf des entsprechenden sozialen Umfelds.

Der Huf (no hoof – no horse) wird in der Wachstumsphase entscheidend geformt. Gewachsener Boden ist immer noch der ideale Boden. Künstliche Böden in Massentieraufzuchtanstalten oder Hallenböden zum Freilaufen sind völlig ungeeignet zur Ausbildung der unteren Gliedmaßenabschnitte. Diese Nachteile haben schon viele »Garagenzüchter« erleben müssen.

Auch wenn über die Heredität (Vererblichkeit) einiger Krankheiten noch keine gesicherten wissenschaftlichen Erkenntnisse vorliegen, möchte ich behaupten, daß die Berufskrankheiten wie die Hufrollenerkrankung, Schale und Spat, aber auch der Kehlkopfpfeifer ganz sicher gewissen Erbzwängen unterliegen. Bei der OCD (Osteochondrosis dissecans) – eine Erkrankung der Gelenkknorpelknochen mit zunehmender Tendenz und bevorzugter Lokalisation in Sprung-, Knie- und Fesselgelenken – wirken jedoch nachweislich Fütterungs- und Haltungsfehler mit, die sehr häufig trotz vermeintlich ausgeglichener Fütterung zu Mangelerscheinungen führen. Ein wesentliches Schlagwort bei diesem Problemkreis ist der »saure Regen«. Er wäscht das wichtige Kalzium aus den Pflanzen aus und wandelt es in Kalzium/Phosphor-Verbindungen um, die zwar im Körper aufgenommen, aber ohne resorbiert zu werden wieder ausgeschieden werden. Der Aufzüchter glaubt, seine Fütterung wäre ausgeglichen, dem heranwachsenden Organismus entsteht jedoch ein substantieller Kalziummangel, der sekundär zu Degenerationen an Knochen, Knorpel, Bändern und Gelenken führt. Dabei ist der Mangel relativ einfach durch zusätzliche Mineralstoffgaben zu beheben.

Hufrollenerkrankung, Schale und Spat, aber auch der Kehlkopfpfeifer unterliegen gewissen Erbzwängen.

Es kann darüber hinaus auch der Beweis angetreten werden, daß übergroße Eiweißgaben einen zusätzlichen Kalziummangel provozieren können, denn starke Eiweißfütterung verhindert die Kalziumresorption beträchtlich. Auch hier wird häufig angenommen, daß die Jungtiere proteinreich gefüttert werden müssen; das Ergebnis steht der Erwartung jedoch völlig entgegen. Die Pferde sehen aus wie »Mastschweine«, das Knochengerüst ist jedoch weich und anfällig.

Übergroße Eiweißgaben können einen zusätzlichen Kalziummangel provozieren.

Ganz wichtig ist eine ausgeglichene Verabreichung von Spurenelementen. Es ist wissenschaftlich erwiesen, daß Kupfermangel die Osteochondrosis dissecans reproduzierbar auslösen kann, das heißt bei gezielter kupferloser Fütterung konnte im Versuch nachgewiesen werden, daß die heranwachsenden Pferde an OCD erkrankten.

Ganz wichtig ist eine ausgeglichene Verabreichung von Spurenelementen.

Das Dilemma der Zucht liegt darin, daß das erklärte Zuchtziel »Springfähigkeit« oder »maximale Bewegung in den Grundgangarten« für den entsprechenden späteren Verwendungszweck sehr häufig dominant vererbt wird und sich das Käuferinteresse auf diese Phänomene unter Nichtachtung der Begleitumstände konzentriert. So haben jahrelang die Nachkommen von »Gotthard« (Hann.) seine überragende Springfähigkeit geerbt und wurden sozusagen blind gekauft. Die

15

Veranlagung zu Arthrose und Hufrolle hat dieser Personenkreis sich meistens als unwillkommene und verborgene Zugaben zu seinem Pferd mit eingehandelt.

Die Problematik liegt vor allem auch darin, daß man erst einmal Jahre züchtet, bis ein erster verläßlicher Nachweis über die Fähigkeiten der Nachkommen existiert. Das dauert in der Regel mindestens sieben Jahre. Wie oft hat man die wahren Vererberqualitäten erst entdeckt, als der Hengst bereits gestorben oder schon beinahe 20 Jahre alt war. Hühner- und Hundezucht geben schon viel früher Auskunft über das Vererbungspotential der Elternteile.

Wie oft hat man die wahren Vererberqualitäten erst entdeckt, als der Hengst bereits gestorben war.

Es ist der Natur zu danken, daß sie sich trotz aller menschlicher Anstrengungen nur bedingt überlisten läßt. Es wäre zu einfach, wenn man eine gute im Sport bewährte Stute mit einem Sporthengst paart und daraus der Idealnachwuchs resultierte. Das hätte auch Personen gelingen können, die über keinerlei Zuchterfahrung verfügen. Versucht haben das schon mehrere Züchter und andere, die sich gern als solche bezeichnen. Paradoxerweise brillieren viele züchterische »No-name-Deckhengste«. »Deister« von »Diskant« war auch ein solches Zufallsprodukt. Von seinem Vater sind neben »Deister« allenfalls nur Mittelklasseprodukte entstanden. Aus der berühmten »Halla« sollten auch wieder Olympiasieger entstehen. Sie hat im hohen Alter noch siebenmal Nachwuchs gebracht. Ihr Sohn »Hatto« konnte gerade einmal einen mittelschweren M-Parcours erfolgreich beenden. Alle anderen Nachkommen blieben blaß.

Bei ihr (von »Oberst«) und mit Sicherheit auch bei dem bekannten Franzosenhengst »Galoubet A« lag zur Hälfte Traberblut beim Vater vor, was sich als Endprodukt für Sportzwecke vielfach als glückliche Kombination erwiesen hat. Aber die Vererbung in der ersten Generation bringt es dann doch an den Tag. »Jappeloup« – der Olympiasieger von Seoul – war auch ein halber Traber, was man seiner Gangart ansehen konnte.

Die oben erwähnten drei Klassepferde stellen aber auch ein Beispiel für den Begriff des »Outcross« dar. Sehr häufig findet man die gleichen Väter in der zweiten und dritten Generation sowohl auf der mütterlichen als auch auf der väterlichen Seite wieder. Der Vollblüter »Hyperion« ist hier ein gutes Beispiel Vor zehn Jahren gab es fast keinen deutschen Vollblüter, der diesen »Hyperion« nicht auf beiden Seiten in seinem Pedigree aufwies. Um so positiver ist der züchterische Einfluß der

Um so positiver ist der züchterische Einfluß der besagten »Outcross«-Blutlinien.

16

besagten »Outcross«-Blutlinien, die verläßlich über mehrere Generationen kein bekanntes Blut aufweisen.

Viele vermeintliche Experten suchen gezielt nach Geschwistern von erfolgreichen Pferden. Mit den Brüdern ist das so eine Sache, hat mir einmal Willibert Mehlkopf erzählt: »Der eine ist Pastor, der andere sitzt im Gefängnis.« Auch Hugo Simon kommentierte das Bruder-Phänomen in der Pferdezucht in seiner typischen Art: »Mein Bruder kann überhaupt nicht reiten.« Und als Paul Schockemöhle erstmals meine Tochter auf dem Arm ihrer Mutter sah, sah er sich genötigt zu sagen: »Gott sei Dank hat sie von Dir nichts mitbekommen.« Ich habe Paul Schockemöhle während seiner aktiven Zeit vor einigen Jahren einmal gefragt, was er denn an einem Sonntag mache, wenn er nicht zum Turnier fahre. Als Antwort hatte ich eigentlich erwartet, daß er sagt: »Dann spiele ich Tennis oder Squash.« Ich mußte mich aber belehren lassen; er meinte: »Ich fahre auf mein Gestüt in Calveslage und schaue mir meine Fohlen an.«

Mit den Brüdern ist das so eine Sache.

In der Natur findet in der Regel die natürliche Bedeckung statt. Damit haben sich die Züchter und Zuchtverbände schon lange nicht mehr zufrieden gegeben. Der erste Schritt zur »Deck-Rationalisierung« (in USA spricht man von »Horse Industry«) war die Aufstallung der Hengste und das Decken im Gestüt. Schon die Tatsache, daß viele Stuten nur zum Deckakt in das Gestüt gebracht wurden, hat zwar den Aufwand rationalisiert, aber die Deckergebnisse wurden deswegen nicht besser. Viele Stuten brauchen das »Flair« der Hengstumgebung, damit auch die nach außen sichtbare Rosse durch einen geregelten Eisprung vollzogen wird. Wenn diese sensorischen Eindrücke über Generationen verlorengehen, werden die Deckergebnisse immer schlechter. Um den guten Deckhengst häufiger nutzen zu können, wurden ihm zum Teil über 100 Stuten zugeführt. Auch diese Tatsache diente nicht unbedingt der Verbesserung der Ergebnisse.

Viele Stuten brauchen das »Flair« der Hengstumgebung.

Die in der Rinderzucht seit vielen Jahren praktizierte künstliche Besamung hat nun auch in der Warmblutzucht Einzug gehalten. Das führt dazu, daß die Stute überhaupt nicht mehr dem Hengst gezeigt wird. Ich wage zu behaupten, daß damit der Grundstein für die letzte Bastion des Verlustes des Paarungsverhaltens gelegt wurde. Azyklie, »stille Rosse« und Sterilität sind zwangsweise Folgeerscheinungen.

Viele Hengste, die neben ihrer Decktätigkeit im Sport eingesetzt werden, was natürlich der Reputation dient, werden in der turnierfreien Pause abgesamt, und der Samen wird eingefroren. Lange Zeit hat das Tiefgefrieren des Pferdespermas Probleme bereitet, die aber durch intensivierte Forschung gelöst zu sein scheinen. Auch der Versand von Frischsamen ist maximal durchorganisiert. Am Morgen abgenommener Samen erreicht vielfach schon am späten Nachmittag seinen Zielort.

Von einem Sprung, der schon lange nicht mehr auf eine rossige Stute erfolgt, sondern auf einem Deckphantom ausgeführt wird, kann man bis zu 15 Portionen Samen gewinnen. So haben wir Hengste, die über 400 Stuten im Jahr decken. Das kann ein lukratives Unternehmen sein, wenn man bedenkt, daß beispielsweise der teuerste Warmblutvererber, der Franzosenhengst »Jalisco B«, 15 000 DM Decktaxe in seinem letzten Deckjahr gekostet hat.

Jeder Hengst weist eine gewisse Streuung in der Vererbung seiner Qualitäten auf.

Ich bin der Meinung – und dies ist auch wissenschaftlich nachweisbar –, daß jeder Hengst eine gewisse Streuung in der Vererbung seiner Qualitäten aufweist. Wie in anderen Bereichen auch, orientiert man sich nach der erfolgreichen Nachzucht von einem Hengst. Der Einfachheit halber hat man die Gewinnsumme der einzelnen Nachkommen als Kriterium herangezogen, was natürlich über die wahren Qualitäten eines Nachkommen nur wenig aussagt. In der sogenannten Tiermodell-Zuchtwertschätzung wird aus eigenen Plazierungsergebnissen ein genetisch bedingter Anteil geschätzt und mit dem Pferdezuchtwert zu einem individuellen genetischen Wert für jedes Turnierpferd kombiniert. Das ist zumindest objektiver als die ausschließliche Beurteilung nach den Gewinngeldern.

Wenn ein neues Spitzenpferd im Sport auffällt, schnellen die Bedeckungsquoten des Vaters plötzlich in die Höhe.

Darüber hinaus kann man beobachten, daß, wenn ein neues Spitzenpferd im Sport auffällt, die Bedeckungsquoten des Vaters plötzlich in die Höhe schnellen. Über den Rest der 90% übriggebliebenen Pferde spricht praktisch keiner.

In der Natur hat ein Hengst früher vielleicht 50 Nachkommen gehabt. Da gab es bei fünf Toppferden 45 »gewöhnliche« Nachkommen. Bei 400 Bedeckungen nimmt sich die Zahl von 360 »Gewöhnlichen« schon bedrohlich hoch aus, denn die prozentuale Verteilung bleibt relativ konstant. Das Echo der Eigner der »Gewöhnlichen« kann aber plötzlich zum Bumerang werden. Die Pferde werden unverkäuflich, und der Run zum vermeintlichen Spitzenhengst läßt plötzlich auffällig nach. Zahlreiche Beispiele belegen diese Theorie. Wenn ich schon einen guten Deckhengst besitze, würde ich die Anzahl der Bedeckungen auf ein Mindestmaß bei gleichzeitig sorgfältigster Stutenauswahl reduzieren.

Um die Kapazität der Stuten zu erhöhen, haben sich die Zootechniker schon früh Gedanken gemacht. Die theoretische Zuchtkapazität einer Zuchtstute beträgt etwa 20 Fohlen in ihrem Leben. Sehr oft setzt die Natur Grenzen, was nur im Sinne der Stute sein kann, denn die meisten Zuchtstuten werden in der Fohlenrosse schon wieder gedeckt. Das ist aber vielen noch nicht genug. Der Eingriff in die Natur geht weiter. Bei Schafen hat man zur Erhöhung der Zuchteffektivität die grundsätzliche Zwillingsträchtigkeit angezüchtet. Beim Rind ist der Embryotransfer an der Tagesordnung. Die Sportstute wird an turnierfreien Tagen besamt, der Embryo wird ausgewaschen, und bei der nächsten Rosse erfolgt eine erneute Besamung. So soll es gelungen sein, bis zu sieben Fohlen im Jahr aus einer Stute zu ziehen. Ich halte diese Entwicklung für ausgesprochen bedenklich. Der nächste Schritt zum Austragen des Embryos im Glas scheint nicht mehr weit. Dann würde man keine »Austragemütter« mehr benötigen.

Es soll gelungen sein, bis zu sieben Fohlen im Jahr aus einer Stute zu ziehen.

Die euphorisch aufgenommenen Anfangserfolge haben jedoch einen Vorteil. Die Natur und der Markt regeln immer noch vieles von allein. Wir haben zur Zeit einen Pferdeboom, Fohlen werden im Übermaß angeboten, und der Verbraucher vermag die Menge an Jungtieren gar nicht mehr abzunehmen. Um so mehr werden für Spitzentiere immer noch Höchstpreise bezahlt – bei steigender Tendenz, was die Zuchtinitiative zusätzlich stimuliert. Jeder will den »Auktionskracher« für eine Million züchten. Man soll nicht verkennen, daß solche Preise nur die absoluten Ausnahmen darstellen. Es hat jedoch immer Leute gegeben, die völlig irrationale Preise für Pferde geboten und damit das Preisgefüge völlig durcheinandergebracht haben. Das kann den Auktionatoren nur recht sein, denn damit erzielt man Publikumswirksamkeit und der Verkaufsdurchschnitt einer Auktion wird beträchtlich nach oben angehoben.

Die Vererblichkeit gewisser Dispositionen wurde bereits erwähnt. Mir ist es völlig unverständlich, daß Hengste ihre Deckbefähigung (Körung) erhalten, ohne daß die Deckfähigkeit überprüft werden muß, der Samen untersucht wird und ohne die Gliedmaßen einschließlich des vielgeplagten Rückens zu röntgen. Der holländische Zuchtverband hat schon seit einigen Jahren ein Signal gesetzt. Hier müssen Hengste nach einem Standardsystem geröntgt werden. Und was genauso wichtig ist: Verdächtige Hengste oder solche mit Gelenkserkrankungen werden rigoros ausgesondert. Mir soll keine Kör-

*Für das
Endprodukt
des Sportpferdes
existieren
»Konstruktions-
ziele«.*

*Gelenke
schaffen,
anpassen und
erhalten.*

kommission erklären, die meisten Erbmängel könnte man mit bloßem Auge sehen. Den Gegenbeweis erleben wir täglich in unserer Klinik. Bei einer Untersuchung von 1190 Trabernachkommen in Berlin sind bei 12,4% Gelenkserkrankungen nachgewiesen worden. 29 Hengste mit insgesamt 598 Nachkommen konnten gefunden werden, deren erste Generation zwischen zehn und 47 Nachkommen besagte Gelenksprobleme aufwiesen.

Ein weiterer Ansatzpunkt liegt in der Aufzucht. Hier werden immer noch grundlegende Fehler begangen. Für das Endprodukt des Sportpferdes existieren »Konstruktionsziele«. Sie betreffen die architektonischen und mechanischen Eigenschaften und wie diese Mechanismen auf Belastungen reagieren. Die Spielregeln sind: Gelenke schaffen, anpassen und erhalten. Dazu gehört Bewegung. Wo ist der früher in Züchterkreisen geforderte eine Hektar pro Pferd noch vorhanden? Nur die wenigsten Züchter oder Aufzüchter können diesen Anforderungen genügen.

Hertsch hat 1993 200 Fohlen vom Absetzen an bis zum dritten Lebensjahr durch röntgenologische Reihenuntersuchungen verfolgt. Er fordert die Standard-Röntgenuntersuchung bereits beim Absatzfohlen – spätestens jedoch im Jährlingsalter. Wenn Stellungsanomalien und Gelenksveränderungen frühzeitig erkannt werden, ist größtenteils Abhilfe möglich. Um so wichtiger sind Untersuchungen im Fohlen- und Jährlingsalter, und da sich viele Erkrankungen im Anfangsstadium bereits röntgenologisch erkennen lassen, ist eine Röntgen-Frühuntersuchung dringend anzuraten. Wenn das junge Pferd schon lahm ist und es wird nicht eingegriffen, bestehen meistens nur schlechte Aussichten auf eine dauerhafte Behebung der Ursache.

Die Verbände

Zweifelsfrei besteht die Notwendigkeit, den Pferdesport zu organisieren, wenn man Wettbewerbe unter gleichen Bedingungen veranstalten will und Chancengleichheit für alle Teilnehmer fordert. Die Zeiten, wo man nach »ungeschriebenen Gesetzen« sportliche Wettkämpfe ausgeführt hat, sind längst vorbei. Den Athleten ist das Verhalten der Verbände nicht immer ganz geheuer, weil sie – meistens berechtigt – der Meinung sind, daß die Interessen der Sportler nicht immer in ihrem Sinne vertreten werden. Kein Wunder, wenn sich beispielsweise das Budget der Welt-Reiter-Spiele auf über 30 Millionen DM beläuft und sich die zu gewinnenden Preisgelder lediglich auf 400 000 DM beziffern. Gewerkschaftlich ähnliche Organisationen vertreten im Tennis, in der Leichtathletik und in der Formel 1 die Sportler.

Den Athleten ist das Verhalten der Verbände nicht immer ganz geheuer.

Aber auch die Reiter haben ihre Vertreterverbände wie den International Jumping Riders Club (IJRC), den International Dressage Riders Club (IDRD) und den 3DE-Riders-Club. Die Reiterverbände sind in der Auswahl ihres Vokabulars nicht gerade zimperlich. Sie unterstellen dem Dachverband amateurhafte Führung und bezeichnen die ehrenamtlich tätigen Personen als »Parasiten und Maulhelden«.

Ein Besitzer- und Sponsoren-Club ist unlängst ins Leben gerufen worden. Und last not least scheinen nun sogar die im Sport arbeitenden Tierärzte auch noch einen Club gründen zu wollen – die International Association of Treating Veterinarians (IATV). In dieser Vereinigung sollen die Interessen besonders der mannschaftstierärztlich tätigen Veterinäre gegenüber dem Weltreiterverband vertreten werden. Obwohl in der Veterinärkommission nach meiner Wahl als Chairman nur Praktiker als Mitglieder rekrutiert wurden, scheint die Interessenvertretung nicht ausreichend zu sein.

Fédération Equestre Internationale (FEI)

Die Fédération Equestre Internationale mit ihrem Sitz in Lausanne stellt die Dachorganisation sämtlicher nationaler Federationen (FN's) dar. Sie wurde 1926 gegründet. Die Mitgliedsländer waren in den vergangenen Jahren relativ konstant, haben jedoch durch die politischen Umstrukturierungen in den früheren Ostblockländern einen deutlichen Zuwachs erfahren, so daß die FEI am 1. Januar 1994 107 Mitgliedsländer aufwies. Die Disziplinen Springen, Dressur, Military, Fahren, Distanzreiten und Voltigieren sind Bestandteil der FEI und werden von ihr verwaltet. Randsportarten wie Tent-Pecking, Horse-Ball und Pato haben sich um Mitgliedschaft bemüht, eine kontinuierliche Zusammenarbeit konnte jedoch bisher nicht gefunden werden.

Die Disziplinen Springen, Dressur, Military, Fahren, Distanzreiten und Voltigieren sind Bestandteil der FEI.

Als einziges deutsches Bureau-Mitglied und seit 1990 als Nachfolger von Graf Landsberg glaube ich über einen gewissen Einblick in diese Organisation zu verfügen. Der FEI haftete über viele Jahre der Hauch eines Altherrenclubs an, der sich regelmäßig an den schönsten Orten der Welt zu seinen Meetings traf. Wie schwer es ein Weltverband hat, der völlig unterschiedliche Disziplinen zu verwalten hat und Pferdesport in den verschiedensten Kulturkreisen betreibt, davon konnte ich mich reichlich überzeugen.

Seit 1960 wurde die FEI sehr stark von anglikanischen Einflüssen geprägt. Prinz Philip und seine Tochter Prinzessin Anne standen der FEI über ein Vierteljahrhundert vor. Beide sind von Intellekt und Horsemanship geprägt, wobei die burschikose Art von Prinz Philip, Entscheidungen zu fällen, allgemein positiv aufgenommen wurde. Prinzessin Anne ist eine Arbeiterin, sie hatte für die Tagungen immer ihre »Schulaufgaben« gemacht und konnte in allen Bereichen – auch in der Veterinärmedizin – immer ein Wörtchen mitreden. Ich jedenfalls habe meine Vorstellungen vorab mit ihr besprochen, und sie unterstützte mich in vollem Maße. Im besonderen war dies bei Entscheidungen im Dopingbereich der Fall.

Prinzessin Anne ist eine Arbeiterin.

Die ihr nachgesagte »Kratzbürstigkeit« brachte sie vor allem in Zeiten privater Probleme in Verruf. Ein Wandel schien in ihr vorzugehen, als das persönliche Glück sich wieder einstellte. Die Veterinärkommission der FEI hat sich anläßlich ihres Rücktritts einen kleinen Gag erlaubt: Für ihr Verständnis und ihr Engagement im Kampf gegen das Doping bei

Pferden haben wir ihr 1 Gramm Phenylbutazon (gerahmt) geschenkt.

Die seit März 1994 als Präsidentin agierende S.A.R. La Infanta Doña Pilar de Borbón – eine Schwester des spanischen Königs – hält die Kontinuität der Royalties aufrecht. Sie vermag in ihrem Curriculum Vitae nicht über außerordentliche sportliche Erfolge wie ihre Vorgängerin zu berichten, die immerhin 1971 Europameisterin in der Military wurde. Nach einer kurzen Kennenlern- und Einarbeitungszeit ist ihr aber zu bescheinigen, daß sie sich ausgesprochen intensiv mit ihrem Amt beschäftigt. Vielleicht kann sie ja sogar in ihrer katalysierenden Aufgabe mit dem königstreuen Juan Antonio Samaranch zumindest den Reitsport olympisch erhalten. Erste Anzeichen für diese positive Bindung lassen sich bereits erkennen. Hoffentlich ist sie nicht gekoppelt mit einer nur in Richtung IOC gerichteten FEI-Politik. »Olympia um jeden Preis« könnte einen Verlust der Identität bedeuten.

Der Reitsport – wenn auch oft als olympische Randsportart gesehen – genießt eine lange olympische Tradition. Das IOC hat bisher immer die Regularien des Internationalen Sportverbandes respektiert. Wenn der Preis für das Verbleiben in der olympischen Familie zwangsweise mit dem Verlust der Corporate Identity verbunden sein sollte, muß sich die FEI gut überlegen, ob sie bereit ist, diesen Preis zu zahlen. Schließlich machen sich andere Sportarten ganz gut, auch wenn sie nicht olympisch sind. Die Hauptereignisse von Golf, Tennis und Fußball sind nach wie vor nicht die Olympiade, sondern im Golf die US Masters in Augusta, im Tennis das Turnier in Wimbledon und im Fußball die Weltmeisterschaft.

Die FEI leidet unter dem Vorwurf, den Sport zu bürokratisieren. Eine bedingte Bürokratisierung ist sicherlich notwendig, aber eben nur bedingt. Die FEI kann sich aus eigener Kraft nicht finanzieren, allein die Einnahmen aus Abgaben der Nationalen Federationen, der Turnierveranstalter, Abgaben für das Pferdepaßwesen und die Zuwendungen des IOC decken nicht die Ausgaben. Die FEI ist somit auf Sponsoren angewiesen, was sie natürlich nicht mehr unabhängig im idealen Sinne macht.

Zu den wesentlichen Aufgaben des Generalsekretärs gehört die Rekrutierung von Sponsoren. Es muß aber festgestellt werden, daß – aus welchen Gründen auch immer – gerade diese in den vergangenen Jahren fehlen. Seitdem der holländische Sponsor HCS wegen finanzieller Probleme ausgestiegen

Vielleicht kann La Infanta Doña Pilar de Borbón in ihrer katalysierenden Aufgabe mit dem königstreuen Juan Antonio Samaranch den Reitsport olympisch erhalten.

Die FEI leidet unter dem Vorwurf, den Sport zu bürokratisieren.

ist, ist insbesondere für den werbewirksamen Nationenpreis kein Sponsor mehr in Sicht. Das ist um so betrüblicher, als durch eine harmonische und erquickliche Zusammenarbeit mit GUCCI ein kooperativer Sponsor über lange Jahre zur Verfügung stand.

Das größte Problem einer Sponsorenrekrutierung ist jedoch darin zu sehen, daß nach mehreren Jahren der sponsorenlosen Zeit für den Nationenpreis die 26 Veranstalter von Nationenpreisen nicht geschlafen haben, sondern sich um eigene, meist ortsansässige Unternehmen mit Erfolg bemüht haben. Sollte nun wirklich ein weltweiter Sponsor für diese beliebte Nationenpreis-Prüfung gefunden werden, muß erst einmal der Veranstaltungssponsor zurücktreten; denn diesem weltweiten Sponsor wäre natürlich an einer optimalen Vermarktung aller 26 Prüfungen gelegen, um seinem Anliegen Rechnung zu tragen. Schließlich ist das Sponsorenwesen ein Geschäft sowohl für die eine als auch für die andere Seite.

Schließlich ist das Sponsorenwesen ein Geschäft sowohl für die eine als auch für die andere Seite.

Ein weiterer Grund für den Mangel an finanzieller Unterstützung ist sicherlich die weltweite Rezession. Das Taktieren mit großen Vermarktungsinstituten wie ISL, die das IOC und die FIFA betreut, hat sich als falsch erwiesen. Nachdem die 1982 ursprünglich von dem deutschen Adidas-Gründer Dassler ins Leben gerufene ISL-Marketinggesellschaft keine Sponsoren für den Reitsport auftreiben konnte, stieg diese Marketing AG Ende 1992 kurzerhand aus. Neben der Zusage, dem Reitsport weltweit zu den siebtgrößten Fernseh-Einschaltquoten zu verhelfen, stellte man der FEI auf der Bureau-Sitzung in Tokyo im März 1991 Tantiemen in mehrfacher Millionenhöhe in Aussicht.

Eine neue Bindung ist mit der BANESTO-Tochter DORNA entstanden. Diese steht jedoch von Anfang an nicht unter einem guten Stern. BANESTO – die größte spanische Bank – konnte im größten Bankenskandal in der Geschichte Spaniens nur mit Hilfe staatlicher Unterstützung ihre Gläubiger befriedigen, deren Forderungen 10 Milliarden DM überstiegen hatten. Der 40%-Anteil von BANESTO an DORNA wurde zum Zeitpunkt der Vertragsunterzeichnung mit der FEI feilgeboten. Auch sollen die anderen Anteile von DORNA in nicht ganz seriöser südamerikanischer Hand liegen.

Für mich ist heute schon der Sturz von DORNA vorprogrammiert.

Für mich ist heute schon der Sturz von DORNA vorprogrammiert. Das ist um so bedauerlicher, als aktuelle Mitbewerber wie PSM/ISPR, BCM und die Gruppe um Dr. Funke's ESCON-Marketing – im übrigen erfahrene Pferdeleute und Veranstalter (German Classics Bremen, CSI Berlin und CSI Dortmund) – willkommene Alternativen gewesen wären. Bei der Darstellung der Mitbewerber vor dem FEI Marketing-Committee sollen die ISPR-Vertreter (dessen Federführung in Händen des Boris-Becker-Managers Meyer-Wölden liegt), die vorab eine Zusage von 2,5 Millionen DM für die TV-Rechte gegeben hatten, den Saal verlassen haben. Ihre Zusage wurde gleichzeitig zurückgenommen.

Die wesentlichen Entscheidungen der FEI werden von ehrenamtlich tätigen Personen getragen, den 17 Bureau-Mitgliedern oder dem Executive Board, dem neben der Präsidentin beide Vizepräsidenten und der Schatzmeister angehören. Der Generalsekretär ist ebenfalls Mitglied, aber ohne Stimmberechtigung – er ist die einzige bezahlte Person in diesem Kreis. Wenn man sich mit den Bureau-Mitgliedern einzeln unterhält, gewinnt man den Eindruck, daß jeder für sich einer professionellen Führung der FEI den Vorzug geben würde.

Die wesentlichen Entscheidungen der FEI werden von ehrenamtlich tätigen Personen getragen.

Zur Ehrenrettung sei angemerkt, daß zahlreiche Versuche unternommen wurden – beispielsweise durch die Institution einer Arbeitsgruppe mit dem Titel »Die Zukunft der FEI« -, das bestehende System zu modifizieren. Hier sind eindeutige Worte gefallen, zum Beispiel, daß man ohne weiteres eine Repräsentationsfigur an der Spitze haben könnte. Das müßte jedoch dann zwangsweise die Beschäftigung einer starken sport- und marketingerfahrenen Person als »Exekutive Vicepresident« zur Folge haben. Politik und Pöstchenwesen haben bisher diese Richtungsänderung verhindert. Hinter den Kulissen rangen einige einflußreiche Bewerber um den Posten, den im Amt befindlichen Vizepräsidenten wollte man nicht in dieser exponierten Stellung sehen. Der amtierende Vizepräsident verstand bzw. interpretierte das Rotationsprinzip auf seine eigene Weise. So gelang es ihm bisher mit unvergleichbarer Geschicklichkeit, seinen Aufgabenbereich so zu adaptieren, daß er, wenn seine Amtsperiode auslief, ein anderes Komitee fand, dem er als Chairman vorstehen und damit auch als Vizepräsident auf seinem Amtsstuhl verbleiben konnte.

Politik und Pöstchenwesen haben bisher eine Richtungsänderung verhindert.

Man mag über das Rotationsprinzip als Prinzip des Wechselns nach vier bzw. acht Jahren geteilter Meinung sein. Ein wesentlicher Gesichtspunkt dieses Systems ist, daß frisches, junges Blut in ein Aufgabengebiet kommt. Neue Ansichten und Betrachtungsweisen sollen aufgetan und einer Betriebsblindheit entgegengewirkt werden. Es ist auch verständlich, daß die

FEI als übergeordnete Institution des Welt-Pferdesports keine nationalen Blocks innerhalb des Bureaus wünscht.

Persönliches Interesse wird über die Interessen des Sports gestellt.

Leider aber wird persönliches Interesse über die Interessen des Sports gestellt, was dauerhaft zur Ineffizienz der Sportführung führt. Die FEI befindet sich im Augenblick am Scheideweg. Wenn sie den Schritt in die Professionalisierung der Sportadministration nicht bald vornehmen kann, wird sie ein amateurhaft geführter Verband eines professionellen Sports bleiben.

World Equestrian Games (WEG)

Die World Equestrian Games sind eine Idee von Prinz Philip, dem Herzog von Edinburg, der Ende des Jahrhunderts einmal sämtliche Disziplinen der FEI zu einem Welt-Meeting zur gleichen Zeit an einem Platz versammelt haben wollte. Konkretisiert wurde seine Idee 1985. Die ersten Spiele wurden im Jahre 1990 nach Stockholm vergeben. Die Schweden haben sich als ausgezeichnete Organisatoren erwiesen. Bis auf kleine Pannen war das erste Pferde-Weltfestival hervorragend organisiert. Auch wenn nach den Stockholm-Spielen das Gerücht umging, daß es ein Defizit in zweistelliger Millionenhöhe zu bewältigen gäbe, hat zumindest der Veranstalter den finanziellen Belastungen standgehalten. Man munkelt, daß der Staat die fehlenden Millionen übernommen habe. Heute weiß man, daß die Schweden alles richtig gemacht haben. Besonders wichtig waren Testveranstaltungen in den Jahren zuvor, bei denen Kommunikation und Infrastruktur auf die Probe gestellt und Konsequenzen daraus gezogen werden konnten. Nach der gelungenen Premiere der World Equestrian Games dachte die FEI, daß sie jetzt das Tüpfelchen auf das »i« gesetzt hätte. Es sollte aber anders kommen. Im Stile der Grande Nation präsentierten die Franzosen 1991 ihre Bewerbung vor dem FEI-Bureau in Tokio. Die Mitbewerber Den Haag und Aachen wurden nur milde belächelt. Die Franzosen zogen einen Trumpf nach dem anderen aus dem Ärmel. Zunächst wurde mit den Stallungen in Maison-Lafitte und Longchamps geprotzt – aber wie sich bald herausstellte, war mit den zuständigen Vollblut-Gremien überhaupt nicht im Vorfeld gesprochen worden.

Bis auf kleine Pannen war das erste Pferde-Weltfestival hervorragend organisiert.

Der Gipfel dieser »Köpenickiade« war jedoch das Vorlesen eines angeblich vor einer Stunde eingetroffenen Faxes von keinem Geringeren als dem Bürgermeister von Paris, Herrn Chirac. Der Vortragende, Monsieur Gast, las es lustig von oben nach unten. Ich saß etwas nach hinten versetzt und konnte, da der französischen Sprache mächtig, mitlesen, was Herr Gast vortrug. Die Beteiligten sahen sich schon austern- und champagnerschlürfend im VIP-Zelt des Bois de Boulogne, dem erklärten Veranstaltungsplatz. Die Franzosen erhielten zwar aufgrund ihrer tatsächlich überwältigenden Vorstellung den Zuschlag, taten sich aber dann sehr schwer. Der Bewerbungssieg wurde mit französischem Champagner gefeiert und das New Prince Hotel in dieser Nacht sage und schreibe champagnermäßig leergetrunken. Das will schon etwas heißen.

Die Beteiligten sahen sich schon austern- und champagner-schlürfend im VIP-Zelt des Bois de Boulogne.

Die obligatorische Bindung an den von der FEI kontraktierten Vermarktungslöwen ISL erwies sich aber als »Schuß in den Ofen«. Die ISL vermochte keinen einzigen Sponsor auf die Beine zu bringen und zog sich dann auch vernünftigerweise zurück. Die Franzosen konnten ebenfalls nicht die nötigen Mittel aufbringen und nicht einmal eine einzige Fernsehstation finden, die die Übertragung hätte garantieren können. So blieb der FEI nichts anderes übrig, als die Veranstaltung neu auszuschreiben. Die Aachener Mitbewerber verhielten sich taktisch äußerst klug, als sie zu diesem Zeitpunkt ihre anfängliche Bewerbung nicht mehr aufrecht erhielten, und da sich abzeichnete, daß die Holländer ein begründetes Interesse signalisierten, bekam Den Haag für 1992 den Zuschlag. Daß das kein kluger Schachzug war, mußten sowohl die Holländer als auch fast alle mit den WEG involvierten Teilnehmer, Zuschauer und Nationen bald erkennen. Die Erkenntnis kam spätestens während der Spiele in Den Haag. Die Organisation war an allen Ecken völlig überfordert.

Die ISL vermochte keinen einzigen Sponsor auf die Beine zu bringen.

Was mein Gebiet anging, hatte ich zahlreiche Pannen und Unzulänglichkeiten zu verzeichnen. 14 Tage vor der Veranstaltung erhielt ich einen Hinweis, daß die Pferdeboxen nur ein Ausmaß von 2,50 x 2,50 m aufwiesen. Am Tag darauf fuhr ich sofort nach Den Haag, um die Boxengröße zu kontrollieren. Der Generalsekretär der Organisation ließ mich zunächst drei Stunden warten, der ebenfalls avisierte hauptverantwortliche Tierarzt ließ sich erst gar nicht sehen. Nach meinem Aufmaß der Boxen mußte ich feststellen, daß das Gerücht Tatsache war: Die Boxen waren wirklich so klein wie angegeben.

Man muß wissen, daß die normale Boxengröße für ein mittelgroßes Pferd mindestens 3 x 3 m betragen muß – so steht es im Reglement –, 20% der Boxen müssen sogar noch größer sein. Natürlich war zu diesem Zeitpunkt keine andere Möglichkeit des Umbauens mehr vorhanden. Also mußte man mit diesen Miniboxen vorliebnehmen. Eine Schande und ein Affront gegenüber unseren Pferdeathleten.

Bei meinem Eintreffen zur Weltmeisterschaft habe ich mich darum bemüht, ein Kommunikationsmittel (Funkgerät, Pager oder ähnliches) zu erhalten. Man sagte mir, ich könne einen Pager bekommen, müßte jedoch meinen Führerschein hinterlegen und 500 Gulden bezahlen. Als ich erwähnte, daß die Organisation mich erreichen können müsse und nicht ich die Organisation, machte man nur große Augen. Ich habe dann mein eigenes D-Netz-Telefon benutzt.

Ich wurde als Nottierarzt für die Military eingeteilt. Da ich immer meine Notausrüstung bei mir habe, bestand ich auf meinem eigenen Fahrzeug. Das wurde mir nicht genehmigt. Also fuhr ich einer der Kolleginnen hinterher. Diese lotste mich durch die erste Militärabsperrung auf dem Military-Gelände in Vlassakers; bei der zweiten Kontrolle signalisierte sie der Wache, daß ich nicht durchfahren könne. Ich habe mich dann so eng an ihr Auto geklemmt, daß der Wachmann keine andere Chance hatte, als mich durchzulassen. Auch hier hatte man auf meine Frage, wie ich denn als Nottierarzt zu erreichen sein könne, keine Antwort.

Es hat drei Tage gedauert, bis ich einen Einfahrschein auf das Veranstaltungsgelände in Den Haag erhielt.

Es hat drei Tage gedauert, bis ich überhaupt einen Einfahrschein auf das Veranstaltungsgelände erhielt. Ich mußte in einem einstündigen Gespräch dem Chef der Organisation klarmachen, daß es ganz sinnvoll wäre, wenn der »oberste Tierarzt« auf die Anlage fahren könne, zumal um das Gelände herum keinerlei Parkplätze zur Verfügung standen.

Aber dies war kein Einzelfall. Prof. Dr. Björn von Salis – ein Spezialist auf dem Gebiet der Ersten Hilfe, der in der Schweiz einen interessierten Personenkreis als »Pferdesamariter« ausbildet – war mitsamt seinem Ambulanzfahrzeug die Zufahrt in den ersten drei Tagen verwehrt worden.

»Ein Deutscher dezimiert das holländische Team.«

Als ich dann ein holländisches Pferd bei der Verfassungsprüfung wegen Lahmheit vom weiteren Wettbewerb ausgeschlossen hatte, war mein Kredit bei den Holländern vollends verspielt. Die Schlagzeile im »Telegraaf«: »Ein Deutscher dezimiert das holländische Team« erwies sich als die logische Folgerung der Organisationsmisere und – jetzt hatte man auch noch einen Schuldigen gefunden. Die holländische Mannschaftsführung glaubte dann, einen überlegenen Schachzug zu machen, als sie mit dem lahmen Pferd am darauffolgenden Tag in die Universität nach Utrecht fuhr, um ein Gegengutachten einzuholen. Das endete für sie nicht ganz erwartungsgemäß: Der Hochschulprofessor Dr. Nemeth bestätigte meinen Befund und diagnostizierte: mit Lahmheit verbundener Spat des Pferdes. Das war eine kleine Genugtuung für mich. Darüber stand allerdings nichts in den Zeitungen.

Eine Woche nach der völlig mißlungenen Veranstaltung wurde auch noch Konkurs angemeldet. Die Reiter haben ihr Preisgeld erst sehr spät erhalten und das nur, weil die Holländische Federation diese Kosten in Höhe von 400 000 DM übernommen hat. Es dauerte etwa vier Monate bis zur Auszahlung.

Eine Woche nach der völlig mißlungenen Veranstaltung (Den Haag 1992) wurde auch noch Konkurs angemeldet.

Die nächsten Welt-Reiter-Spiele werden 1998 in Dublin stattfinden. Für diese Veranstaltung hatte sich neben Rom, Lissabon, Harrogate auch Berlin beworben. Im Vorfeld fanden technische Inspektionen und Besprechungen statt. Berlin wollte das Landgestüt Neustadt an der Dosse für Military und Fahren nutzen und den Distanzritt von Neustadt an der Dosse nach Berlin – als Symbol der Verbindung zwischen beiden Sportstätten – ausführen, um dann dort auf dem Maifeld die Disziplinen Springen und Dressur auszutragen. Für das Voltigieren hätten sich bereits vorhandene Sportstätten in unmittelbarer Umgebung des Olympiastadions angeboten. Ich hatte offene Ohren, als die Inspektionskommission auf den alles überragenden Turm fuhr und von dort aus sowohl Maifeld als auch Olympiastadion überschauen konnte. Ich muß gestehen, daß dies wirklich ein imponierender Blick ist. Im Hintergrund hörte ich einzelne Personen der Kommission murmeln: »Ich glaube Adolf Hitler zu hören.« Das wirkte sich natürlich auf die allgemeine Stimmung aus. Die konnte auch nicht umgepolt werden, als der Regierende Bürgermeister, Herr Diepgen, persönlich in das »Rote Rathaus« bat und ein wirklich ausgewogenes Konzept vorstellte sowie die uneingeschränkte Unterstützung der Stadt Berlin zusagte. Bei dem gemeinsamen Abendessen schien das Zünglein der Waage dann trotzdem sehr deutlich in Richtung Berlin zu gehen.

Bei einem gemeinsamen Abendessen schien das Zünglein der Waage hinsichtlich der nächsten Welt-Reiter-Spiele 1988 sehr deutlich in Richtung Berlin zu zeigen.

Die Wahl fand in Tampa (Florida) anläßlich der Bureau-Sitzung bzw. Generalversammlung der FEI statt und fiel zugunsten von Dublin aus. Berlin erhielt im ersten Wahlgang ganze zwei Stimmen. Eine kam von mir, die andere wohl vom holländischen Vertreter Tjeerd Velstra, den ich als meinen Nebenmann möglicherweise positiv einstimmen konnte. Die Enttäuschung besonders von Graf Landsberg war groß, hatte gerade er auf seine Mitstreiter aus alter Zeit geschworen, und diese hatten ihm auch im Vorfeld signalisiert, daß sie für Berlin stimmen würden. Es sei angemerkt, daß die deutsche Bewerbungsgruppe eine einwandfreie Präsentation ablieferte, die keinesfalls gegen die der anderen Mitbewerber abfiel.

Einen wesentlichen Ausschlag für Dublin gab wohl das finanzielle Konzept.

Einen wesentlichen Ausschlag für Dublin gab wohl das finanzielle Konzept, da der irische Staat zum einen seinen Minister für Touristik persönlich nach Tampa geschickt hatte, zum anderen signalisiert wurde, daß Irland eine Ausfallsbürgschaft übernehmen würde. Da konnte kein Bewerber dagegenhalten. Der ursprüngliche Sinn der Welt-Reiter-Spiele war die kosmopolitische Vereinigung sämtlicher FEI-Disziplinen. Der Hintergedanke war auch, daß die weniger medienintensiven Disziplinen wie Voltigieren und Distanzreiten durch eine vermehrte Beteiligung der ohnehin vorhandenen Zuschauer aufgewertet werden sollten. Das erwies sich als Flop, denn nur wenige der Zuschauer bei der Dressur und beim Springen suchten den Weg zu den vermeintlich weniger attraktiven Disziplinen. Durch diese Massenveranstaltung sollte auch der gesamte Pferdesport in den Blickpunkt gerückt werden. Ich kann dieses Anliegen nicht nachvollziehen. Alle Disziplinen für sich – vergeben in ein Land, in dem Sport den erforderlichen Stellenwert genießt – würden ein größeres Zuschauer- und Medieninteresse auf sich gezogen haben als diese Mega-Show.

Die Anzahl seriöser Befürworter der World Equestrian Games ist klein.

Die Anzahl seriöser Befürworter der World Equestrian Games ist klein, sitzt aber an entscheidenden Schlüsselpositionen in der FEI. Man kann nur hoffen, daß Dublin und sein Veranstalterkomitee aus den Fehlern in Den Haag gelernt hat. Irland wird sich mit Dressur, Voltigieren und Distanzreiten sehr schwer tun. Die anderen Disziplinen Springen und Military sind alteingesessen. Das erste internationale Spring-Turnier der Welt fand schließlich 1868 in Dublin statt und wird seit 1882 an der Traditionsstätte an der Ballsbridge ausgetragen, und Punchestown hatte zuvor schon Europa- und Weltmeisterschaften ausgerichtet. Obwohl für das Jahr 2002 mit Jerez de la Frontera (Spanien) und Gladstone in New Jersey (USA) bereits zwei potente Bewerber bereitstehen, wage ich zu behaupten, daß, sollten die Spiele in Dublin noch einmal eine Pleite vom Zuschnitt Den Haag erleben, wir die letzten gemeinsamen Weltmeisterschaften in Irland gesehen haben.

Hoffentlich wähnt man sich aufgrund der finanziellen und organisatorischen Staatszusicherungen nicht allzusehr in Sicherheit.

International Olympic Committee (IOC)

Das Internationale Olympische Komitee stellt für mich die größte Enttäuschung im Sport dar. Wenn viele Kritiker behaupten, daß der Sport im IOC nur noch eine untergeordnete Rolle spielt, muß man sie Lügen strafen. Warum? Der Sport spielt überhaupt keine Rolle mehr! Es zählen nur noch Einschaltquoten, Wettbewerbe in den Kommerzländern zur optimalen Fernsehzeit, und auch die Vergabe der Olympischen Spiele wird einzig und allein vom Geld bestimmt.

Städte wie Helsinki oder Sarajewo (von möglicherweise vorhandenen politischen Gründen abgesehen) wären wirtschaftlich heute nicht mehr in der Lage, Olympische Spiele zu veranstalten. Die Spiele werden immer an eine Stadt vergeben – sagt das IOC. Das ist eine völlige Verkennung der Tatsachen. Wenn nicht das ganze Land und die ganze Nation hinter der Bewerbung stehen und vor allem die Finanzierung durch Sponsoren nicht gesichert ist, muß man mit einem Debakel im Stil der Olympiabewerbung Berlin 2000 rechnen. Zugegebenermaßen ist bei der Bewerbung Berlins wirklich kein Fettnäpfchen ausgelassen worden. Einer hat die Lage vor der Votierung in Monte Carlo erkannt – Altbundespräsident Richard von Weizsäcker. Er ist erst gar nicht nach Monte Carlo gefahren, und damit war er gut beraten, denn ein Bundespräsident als Verlierer schadet dem Image.

Es ist kein Geheimnis, daß die olympische Bewegung in der Kritik steht. Das war sie aber im Laufe der Jahre immer wieder. Die große »Nagelprobe« fand 1980 in Moskau statt, als sich die westliche Welt wegen der Afghanistan-Okkupation vom Veranstalterland distanzieren wollte. Wir wissen heute, daß diese Maßnahme völlig wertlos und unwirksam war: In Kabul wird heute mehr denn je geschossen. Geschadet hat der Boykott vor allem den Sportlern, von der Wertlosigkeit einer Goldmedaille in den Pferdesportdisziplinen einmal ganz abgesehen. Diese »Nagelprobe« hatte sich in Montreal bereits abgezeichnet, als die schwarzafrikanischen und arabischen

Das Internationale Olympische Komitee stellt für mich die größte Enttäuschung im Sport dar.

Es zählen nur noch Einschaltquoten, Wettbewerbe in den Kommerzländern zur optimalen Fernsehzeit.

Es ist kein Geheimnis, daß die olympische Bewegung in der Kritik steht.

Länder wegen der Haltung des IOC gegenüber der Apartheidspolitik in Südafrika (Rugbyspiel Neuseeland–Südafrika) die Spiele boykottierten.

Kaiser Theodosius hatte irgendwann von dem ganzen olympischen Spektakel die Nase voll und sagte die Spiele 393 n. Chr. ab.

Kaiser Theodosius hatte irgendwann von dem ganzen olympischen Spektakel die Nase voll und sagte die Spiele 393 n. Chr. ab. Danach gab es 1500 Jahre keine Olympischen Spiele, und es kann angenommen werden, daß sie nicht vermißt wurden. Immerhin hatten die Spiele – im Jahre 776 v. Chr. erstmals durchgeführt – mehr als 1100 Jahre stattgefunden. Als dem olympischen Gedanken sehr verbundene Willi Daume 1980 den deutschen Athleten (West) erklärte, sie müßten auf Olympia verzichten, hat er wenig resignierend gesagt, daß die Fortdauer der Olympischen Spiele nicht für die Ewigkeit gedacht sei.

1984 hat Peter Ueberroth in Los Angeles die Olympischen Spiele erstmals frei vermarktet. Ihm ist es gelungen, durch eine Mischung aus Chauvinismus, Hollywood, Religionismen, Nationalismen und Pfadfindertum ein Riesengeschäft zu machen, das auch sein persönlicher Schaden nicht war.

Enthüllungsgeschichten über den Spitzensport haben Konjunktur.

Enthüllungsgeschichten über den Spitzensport haben Konjunktur. Nach Brigitte Berendonk mit ihren »Doping-Dokumenten« und Edwin Kleines »Bitterer Sieg« verkünden nun auch Vyv Simson und Andrew Jennings in ihrem Buch »Geld, Macht und Doping« (englisches Original: »The Lords of the Rings«) im Untertitel »Das Ende der Olympischen Idee«. Kenntnisreich wird hier rekonstruiert, wie das Beziehungsgeflecht von Sponsoren, Fernsehgesellschaften und Sportorganisationen geknüpft ist. Unter dem Vorwand olympischer Ideale ist der Kampf um Geld und Geltung entbrannt. Juan Antonio Samaranch hat mit den Olympischen Spielen in seiner Heimatstadt Barcelona den Gipfelpunkt seiner Karriere noch nicht erreicht. Nun spekuliert er noch auf den Friedensnobelpreis. Sein IOC ist von einem belächelten Feudalclub mit Portokasse zu einer international akzeptierten Organisation avanciert. Dies ist allein ein Verdienst des Spaniers, der Schüler an der Deutschen Schule in Barcelona war und der die alte heuchlerische Amateurwelt umkrempelte und Olympia mit dem Glanz des globalen professionellen Anspruchs umgab.

Möglich, daß die olympische Bewegung die Kräfte des Kommerzes, die Samaranch entfesselte, auf Dauer nicht zu bändigen vermag.

Möglich, daß der Preis, den er dafür entrichtete, zu hoch war, daß die olympische Bewegung die Kräfte des Kommerzes, die Samaranch entfesselte, auf Dauer nicht zu bändigen vermag. Erst die Geschichte wird dies in einem Gesamturteil würdigen können.

Deutsche Reiterliche Vereinigung Fédération Nationale (FN)/Deutsches Olympiade-Komitee für Reiterei (DOKR)

Die Deutsche Reiterliche Vereinigung (FN = Fédération Nationale) ist der nationale Dachverband des Pferdesports mit Sitz in Warendorf in Westfalen. Das Deutsche Olympiade-Komitee für Reiterei (DOKR) ist das Organ der FN, das sich mit dem Spitzensport beschäftigt. Das DOKR ist eine sportlich höchst erfolgreiche Abteilung. Den Vorsitz führt Dieter Graf Landsberg-Velen, ein Tausendsassa in Sachen Ämterbewältigung. Unter seiner Ägide hat sich die FN von einer kleinen Vereinigung zu einem Großunternehmen gemausert. Daß in einem Sportverband nicht alles eitel Sonnenschein ist, hat Graf Landsberg mehrfach erleben müssen. Die erste und zweite »Barraffäre« haben den gelernten Juristen vor enorme Probleme gestellt. Wie sollte ein Verband auch mit einer solchen nicht erwarteten Bürde umgehen? Es gab keine Verhaltensmuster, wie man hätte reagieren müssen. Rückblickend ist festzustellen, daß leider der Fehdehandschuh der Medien und Provokateure allzu penibel aufgefangen wurde, und je mehr Gegendarstellungen, Talk Shows und Pressekonferenzen abgehalten wurden, desto mehr verstrickte man sich, peinlichst darauf bedacht, den Tierschützern nur ja keine Blöße geben zu müssen.

Jeder Reitersmann weiß, daß bis zur Stern TV-Offenbarung das Barren ein durchaus probates Mittel bei der Erziehung eines Springpferdes war. Es wurde jahrhundertelang praktiziert und propagiert, ohne daß sich jemand etwas dabei gedacht hat. Das herauszustellen hat man versäumt. Das Versäumnis liegt aber vor allem darin, rechtzeitig die Existenz einer solchen »Erziehungshilfe« publik gemacht zu haben. Das pauschale Dementieren – nachdem der Begriff des Barrens und dessen Technik Bestandteil des Volkszornes geworden war – war unglaubwürdig und hat den Verdacht des Tolerierens durch den zuständigen Sportverband nur verhärtet. Die Umbenennung des Barrens unter peinlicher Vermeidung des Wortes in die Bezeichnung »Touchieren«, die ausgesprochen aufwendige Anschlußforschung über die physikalischen Kräfte bei der Einwirkung von Gegenständen auf das Pferdebein versanken im Rausch der Emotionen. Aus der Affäre

Unter der Ägide von Dieter Graf Landsberg-Velen hat sich die FN von einer kleinen Vereinigung zu einem Großunternehmen gemausert.

33

resultierende Konsequenzen wie beispielsweise die »Potsdamer Resolution«, bei der Klartext geredet wurde, verhallten und sind bei der Zielgruppe der Tierschützer und Medien nicht mehr angekommen. Den Barrskandal hat die Bevölkerung noch im Kopf, an »Potsdamer Resolution« und die Forschungsergebnisse kann sich keiner mehr erinnern. Diese durchaus konstruktiven Bemühungen des Verbandes sind nicht nachhaltig genug publiziert worden.

Die konstruktiven Bemühungen des Verbandes sind nicht nachhaltig genug publiziert worden.

Zu allem legten sich die Tierschützer dann erneut mit dem Verband an, als man in das Reglement eingreifen wollte. Die Tierschützer hatten sich vorgenommen, den sogenannten Schlaufzügel grundsätzlich zu verbieten. Hier wurde erstmals besonnen reagiert, um auch auf die Gefahr der Funkstille zwischen Verband und Tierschützern hin eine sportfachlich vertretbare Zäumungshilfe beizubehalten. Man hatte schon des öfteren Druck von außen nachgegeben, so beispielsweise auch bei dem generellen Verbot des feststehenden Martingals. Das Standing Martingal ist für Anfänger beim Ponyreiten eine wertvolle Hilfe. Durch das Verbot für diesen Einsatzzweck hat man den jungen Reitern keinen Gefallen getan.

Graf Landsberg ist in der glücklichen Lage, seine Philosophie der medienwirksamen Effektivität jetzt verkaufen zu können.

Nicht jede Nation verfügt über eine Anzahl von Sportlern, die Leitbildfunktionen so vertreten können, wie im Augenblick die Deutsche Reiterliche Vereinigung.

Nicht jede Nation verfügt über eine Anzahl von Sportlern, die diese Leitbildfunktionen so vertreten können, wie im Augenblick die Deutsche Reiterliche Vereinigung. Nicole Uphoff und Isabelle Werth, Franke Sloothaak und Ludger Beerbaum ebenso wie Bettina Overesch verkörpern den Typ von Sportlern, die gut »ankommen«. Mit ihrem Charisma läßt sich der Sport gut vermarkten. In Interviews ist diesen Reitern auch mehr zu entlocken als seinerzeit Gert Wiltfang.

Hans-Günther Winkler firmierte während seiner aktiven Laufbahn und lange Jahre danach als Botschafter des Sports. Sehr geschickt vermochte er sein Image auch nach Beendigung der aktiven Laufbahn zu wahren, was für ihn auch finanziell nicht von Schaden war. Er war und ist dem Pferdesport immer noch ein willkommener Standesvertreter. Nun ist er sogar Herausgeber eines Pferdemagazins geworden.

Sportlicher Erfolg läßt sich immer gut vermarkten; in Krisenzeiten gilt es, Haltung zu bewahren. »Erfolg ist immer etwas Historisches.« In diesem Satz liegt viel Weisheit, und er sollte dazu animieren, gerade auf dem Zenit für weiteren Unterbau zu sorgen. Wie viele Reiter haben nur ein erfolgreiches Pferd gehabt und sind, weil sie nicht für »Nachschub«

sorgten, in der sportlichen Versenkung verschwunden.

Teufelskreise – etwas vornehmer auch »Circulus vitiosus« genannt – sind Verhaltensmechanismen, die durch eine lange Folge unangenehmer, einander bedingender Geschehnisse und Faktoren herbeigeführt werden. Eine ähnliche Entwicklung scheint sich auch für den Turniersport abzuzeichnen.

Die Basis für den internationalen Erfolg unserer deutschen Reiter stellt die ländliche Reiterei dar. Das hat der heute Insidern immer noch bekannte Hippologe Dr. h.c. Gustav Rau bereits vor und nach dem Zweiten Weltkrieg erkannt und deswegen auch gefördert. Dr. Gustav Rau verkehrte in der schweren Nachkriegszeit des öfteren in unserem Haus, als mein Vater eine Außenstelle einer Deckstation des Landgestüts Dillenburg leitete.

Die Basis ist der kreative Boden des Mittelbaus, der seinerseits die Grundlage für den Spitzensport darstellt. Der direkte Weg vom sportlichen No-Name-Reiter in die internationale Klasse ist praktisch nicht möglich. »Reiten lernt man nur durch Reiten«, kann man immer wieder von erfahrenen Ausbildern hören. Das Gefühl für die Höhe der Sprünge und die Distanzen kann man sich nur langsam aneignen. Dazu müssen soviel als möglich Turniere der Klasse M geritten werden, um dann mit einem guten Pferd im Spitzensport mitzumachen.

Die internationalen Turniere in Deutschland wie die CSI's in Berlin, Dortmund, Stuttgart, Bremen, Kiel und Frankfurt haben sich nach schwankender Akzeptanz in der europäischen Turnierszene einen festen Platz erobert. Vor allem unsere Leitfiguren wie der Olympiasieger Ludger Beerbaum und der Weltmeister Franke Sloothaak sorgen für ständig steigende Zuschauerzahlen. Zugegebenermaßen haben sich die Turnierveranstalter professioneller Hilfe bedient, was von großem Vorteil war. Wenn man allerdings bedenkt, daß seit den in Hickstead 1974 ausgetragenen Weltmeisterschaften im Springen vier der sieben Weltmeister aus Deutschland kamen, muß man sich fragen: Ist diese Überlegenheit auch für die Reiter entsprechend honoriert worden? Die Spitzenveranstaltungen sind besonders medienwirksam und erreichen deshalb eine breitere Öffentlichkeit.

Die Fokussierung auf den Spitzensport läßt die Mittelklasse an Attraktivität verlieren. Die Sponsoren drängen nur auf die Großturniere, der Turnierkalender der Topreiter ist so prall gefüllt, daß sie an »Mittelbau-Turnieren« nicht mehr teilnehmen können. Das Fernsehen konzentriert sich auch nur auf die Topveranstaltungen. Für Übertragungen von Turnieren

Die Basis für den internationalen Erfolg unserer deutschen Reiter stellt die ländliche Reiterei dar.

Der direkte Weg vom sportlichen No-Name-Reiter in die internationale Klasse ist praktisch nicht möglich.

Die Fokussierung auf den Spitzensport läßt die Mittelklasse an Attraktivität verlieren.

aus dem Mittelbau bleibt keine Zeit und kein Interesse. Die Spitzenpferde werden von den Spitzenreitern aufgesogen, da sie dem »Zirkus« nur folgen können, wenn sie mit mehreren Grand-Prix-Pferden bestückt sind. Diese Entwicklung führt zu einer Überforderung der Spitzenpferde – der Mittelklasse sind diese Pferde verloren gegangen –, ein weiterer Grund, warum Mittelbau-Turniere an Attraktivität verlieren. Erkannt hat man diese Situation in Warendorf sehr wohl, nur die Gegensteuerung – eine häufig vernachlässigte Maßnahme – läßt zu wünschen übrig.

Die Einbindung lokaler Reiter, wie seit zwei Jahren beim CSI in Dortmund praktiziert, ist ein Versuch, Spitzensport mit der Mittelklasse zu verbinden. Hier hat man erkannt, daß die Reiter aus dem Kreisverband eine Schar von Zuschauern (Züchter, Reiter, Ausbilder, Händler, Verwandte) aus den Ortsvereinen mit sich bringen. Vielleicht kommt es ja dann einmal soweit, daß sich in den »Kasematten« (den höheren Rängen der Dortmunder Westfalenhalle) wieder wie vor 15 Jahren die Fan-Clubs etablieren, die seinerzeit jeden Sprung des international weniger bekannten, aber als Lokalmatador gefeierten Reiters Georg »Schorsch« Ahlmann mit einem »Hopp Schorsch!« lautstark untermalten.

Es werden schon
wieder Stimmen
laut, die der
Show im und um
den Springsport
eine Absage
erteilen.

Es werden aber auch schon wieder Stimmen laut, die der Show im und um den Springsport eine Absage erteilen. Man hatte beim CHI in Frankfurt im Dezember 1994 tatsächlich das Gefühl, daß ein Wettbewerb die Zuschauer um so mehr begeisterte, je weniger er mit dem Reiten zu tun hatte. Die Prüfung mit dem Namen »Pferde und Hunde« riß die Zuschauer von den Sitzen, als junge Reiter einen relativ anspruchslosen Parcours jagten und anschließend ein Hund einen ähnlichen Parcours absolvierte. Die Sympathiekundgebung fiel natürlich zugunsten des putzigen kleinen Mischlings aus. Der kanadische IOC-Vizepräsident – ein potentieller Bewerber um die Nachfolge von Samaranch –, der die Bemerkung gemacht hatte, Reiten sei kein richtiger Sport, das könne sein Hund auch, hätte sich hier bestätigt gefühlt. Bei der Prüfung »Jump and Drive«, die der Hauptsponsor übernommen hatte, war neben einem kurzen Springparcours ein Autohindernisparcours zu bewältigen. Auch hier standen die Zuschauer auf den Stühlen.

Die Attraktivität
des Sports
darf nicht durch
Abweichungen
in Richtung
Zirkus
verlorengehen.

Der seriöse Turniersport muß aufpassen, daß diese Entwicklung nicht in die falsche Richtung geht, auch wenn Springreiten auf englisch »Showjumping« heißt. Die Attraktivität des Sports darf nicht durch Abweichungen in Richtung Zirkus verlorengehen. Schaubilder zwischen den klassischen Prüfungen können diesen circensischen Drang auch befriedigen, ohne daß der Sport grundsätzlich darunter leidet. Da verwundert es nicht, daß die ehemalige Präsidentin der FEI selbstkritisch den Springsport als »Zirkusveranstaltung« abqualifizierte.

Manchem sind die oft langsam arbeitenden bürokratischen Mühlen in Warendorf ein Dorn im Auge. Interessanterweise haben es die Warendorfer allerdings verstanden, das Bundes-Championat 1994 beispielhaft durchzuführen. Dabei waren sie nur als Ersatzveranstalter eingesprungen, nachdem sich kein anderer gefunden hatte. Vielleicht haben wir dabei sogar den Beginn der Traditionsveranstaltung gesehen, wie sie in Fontainebleau seit vielen Jahren stattfindet. Wenn die Warendorfer wollen, geht es also.

Die Kritiker unterstellen der FN/DOKR personelle Überbesetzung. 630 000 eingeschriebene Mitglieder werden von ca. 100 Angestellten verwaltet; der DFB verwaltet mit nur 70 Angestellten neunmal mehr Mitglieder. Mittel für Anteile an Spitzenpferden wie seinerzeit an »Roman«, »Deister«, »Rembrandt Borbet« werden nur noch spärlich bereitgestellt, der Etat für Nachwuchsförderung zeigt auch keine Zuwachsraten. Was die Beteiligung bzw. Bindung von Spitzenpferden angeht, hat sich die Preisspirale innerhalb der letzten Jahre immer weiter nach oben geschraubt. Fertige Grand-Prix-Pferde sind unter 1 Million DM überhaupt nicht mehr zu erstehen, der Markt dafür ist auch sehr klein. Um so anerkennenswerter sind Reiter und Besitzer, wenn die rein sportlichen Ambitionen trotz Angeboten in schwindelnder Höhe überwiegen und sie ihr Pferd nicht verkaufen.

Fertige Grand-Prix-Pferde sind unter 1 Million DM überhaupt nicht mehr zu erstehen.

Für Spitzenpferde wie »Quinta C« sind annähernd 3 Millionen DM bezahlt worden. Bei einem solchen Betrag ist allerdings auch verständlich, daß, wenn ein Bieter – wie in diesem Fall der Mexikaner Alfonso Romo – bei dem ständig bestehenden Besitzerrisiko eine Summe in der beschriebenen Höhe offeriert, das Pferd auch verkauft wird. Da es sich beim DOKR um hohe Beteiligungen handeln würde, kann man sicher verstehen, daß solche Summen nur schwer vertretbar sind, zumal man dem Breitensport gegenüber Rechenschaft schuldig ist. Also so ganz berechtigt ist der Vorwurf der reduzierten Pferde-Akquisition doch nicht.

Die Öffentlichkeitsarbeit eines Verbandes ist Ausdruck der Intensität seines Vermittlungswillens nach außen. Nach außen

Die Öffentlichkeitsarbeit eines Verbandes ist Ausdruck der Intensität seines Vermittlungswillens nach außen.

bedeutet: die Medien und die Anhänger des Sports. Meist wird die dritte Zielgruppe vergessen: die Kritiker. In unserer medienwirksamen Zeit entgeht der Presse heute fast nichts mehr. Umgekehrt decken die Medien die meisten Unzulänglichkeiten ohnehin auf. Um so wichtiger ist das nicht erzwungene Publizieren sämtlicher medienrelevanter Fakten. Damit vermeidet man Spekulationen und unliebsame Nachfragen.

Die Informationskette im Procedere gegen das Doping ist nicht unbedingt die dichteste. Man kann davon ausgehen, daß in der Ermittlungsphase bereits etwas durchsickert, was zwar nicht sein darf, aber durch zahlreiche Beispiele aus der Vergangenheit belegt werden kann. Warum publiziert man nicht nüchtern und sachlich über den Stand eines Verfahrens? Das würde zivilrechtlicher Handlungsweise entsprechen. Dann würde allen Spekulationen der Wind aus den Segeln genommen werden. Die Unschuldsvermutung könnte dabei durchaus bestehen bleiben. »Aliquid adheret« (= irgend etwas wird schon hängenbleiben), sagt der Lateiner. In einem nach rechtsstaatlichen Prinzipien geführten Sportverband sollte einer Rehabilitation die gleiche Schlagzeile gewidmet werden. Über die Unzulänglichkeiten bei der Verfahrensweise gegen das Doping wird später noch mehr zu berichten sein.

Warum publiziert man nicht nüchtern und sachlich über den Stand eines Verfahrens?

Direktorium für Vollblut, Zucht und Rennen

Die Herausforderungen des Galopprennsports waren in den letzten Jahren unter anderem der umstrittene Einsatz zweijähriger Rennpferde sowie das weiche und absolut unvollständige Dopingreglement.

Die Verbandsführung des Direktoriums für Vollblut, Zucht und Rennen erinnert mich immer an eine unter sich zerstrittene Familie, die aber, wenn es nach außen Farbe zu bekennen gilt, zusammenhält wie Pech und Schwefel. Selbst die nach außen hin unabhängig erscheinenden Medien (»Sport-Welt«) sonnen sich unter diesem Phänomen. Sie geben Unabhängigkeit vor, funktionieren aber als Sprachrohr des Verbandes. Da das beiden Seiten ganz gut gefällt und beide davon profitieren, kritisieren sie einander nicht, sie leben ja auch voneinander. Die Herausforderungen des Galopprennsports in den letzten Jahren waren neben wellenförmig auftretenden anderen Belastungen der umstrittene Einsatz zweijähriger Rennpferde, das weiche und absolut unvollständige Dopingreglement und die Eskalation von Todesfällen bei den Rennen – eklatant dargestellt in Stern TV.

Zweijährigen-Rennen

Es sind zahlreiche Anstrengungen unternommen worden, um die Frage zu beantworten, ob zweijährige Pferde schon in Rennen eingesetzt werden sollen und ob sie dadurch Schäden erleiden. Eines dieser Projekte – anfänglich vom Direktorium sogar gefördert – wurde später wegen »mangelhafter Projektdurchführung« nicht mehr unterstützt, nachdem die ersten Zahlen auf dem Tisch lagen. Dr. A. Lindner stellte fest, daß von 436 Pferden zu Beginn des Beobachtungszeitraums nach 15 Monaten nur noch 207 im Sport übrig geblieben waren. Ein knappes Viertel der Abgänge endete in anderen Ställen – allzuoft zum Endverschleiß in der Provinz. 73 Pferde waren vor allem mit Sehnen- und Knochenschäden für den Rennbetrieb unbrauchbar geworden. Zwölf Pferde wanderten wegen irreparabler Brüche direkt in die Tierkörperbeseitigungsanstalt.

Einen Sinneswandel scheint auch Prof. Dr. Huskamp von der Tierklinik Hochmoor hinter sich zu haben. Zunächst gibt er an, daß etwa die Hälfte aller Galopper schon im Jährlingsalter wegen ernsthafter Erkrankungen in tierärztliche Behandlung kämen. In seinem Gutachten über »Skelettreife und Trainingsbeginn bei Vollblutpferden unter besonderer Berücksichtigung des Tierschutzgesetzes« kommt Huskamp jedoch zu einem anderen Schluß. Nur in Einzelfällen würden Knochen- und Gelenksveränderungen entwickelt. *Für die zweijährigen Vollblüter in Deutschland sind laut Huskamp der derzeit übliche Trainingsbeginn sowie die Frequenz und Distanz der Renneinsätze dem Entwicklungsstand ihres Skeletts angemessen und aus Sicht des Tierschutzes nicht zu beanstanden.* Ein guter Freund von mir, der das Vollblutgestüt von Scheich Abdullah in England tierärztlich betreut, sagte mir, daß von 100 Jährlingen lediglich 20 überhaupt zur Rennbahn kämen – ein weiterer Grund für die Überzüchtung und Mästung im jugendlichen Alter.

Durch die Untersuchungen von Huskamp verfügt das Direktorium über uneingeschränkte Freiheiten. Das Alibi wird durch die Auflage noch untermauert, zweijährige Vollblüter vor dem ersten Rennen untersuchen zu lassen. Diese Untersuchungen werden von den Stalltierärzten durchgeführt. Es ist schwer vorzustellen, daß, wenn ein einflußreicher Pferdebesitzer auf seinem Zweijährigen-Start besteht, sich die untersuchenden Tierärzte gegen ihren Arbeitgeber stellen.

Wir haben festgestellt, daß vor allem der Rücken zwei- und dreijähriger Vollblutpferde Schäden aufweist, die wir vor Jahren erst bei älteren Hochleistungsspringpferden in der letzten Hälfte ihrer Karriere beobachten konnten.

Wir haben festgestellt, daß vor allem der Rücken zwei- und dreijähriger Vollblutpferde Schäden aufweist, die wir vor Jahren erst bei älteren Hochleistungsspringpferden in der letzten Hälfte ihrer Karriere beobachten konnten. Es handelt sich einerseits um angeborene Haltungsschäden, andererseits ist das Knochengerüst der Pferde in jüngeren Jahren noch so weich, daß Berührungen der Dornfortsätze (Kissing-Syndrom), Überlappungen (Impingements) oder gar Verknöcherungen schon frühzeitig röntgenologisch festzustellen sind.

Das System filtert diese Pferde repräsentativ nicht aus. Bis zum durchschnittlichen Ende der Laufbahn (drei- bis vierjährig) kann man die Pferde teilweise medikamentös noch »über Wasser halten«. Dann ist die Karriere sowieso beendet. Was anschließend mit ihnen geschieht, danach fragt zumindest im Direktorium keiner mehr. Die Quittung für das Züchten dieser mit Frühschäden behafteten Pferde hat die Natur den Züchtern längst gegeben. Sie wollen das allerdings nicht wahrhaben.

Die Argumente des Direktoriums verwundern nicht. Sie kontern – und damit offenbaren sich die hochwohlgeborenen Damen und Herren: »Das von Dr. Lindner geforderte Verbot der Zweijährigen-Rennen ist gänzlich abwegig. Daß Zweijährigen-Prüfungen für eine optimale Leistungsentwicklung nicht schädlich, sondern geradezu notwendig sind, belegt die Tatsache, daß in den klassischen Rennen der letzten Jahre nur ganz wenige Teilnehmer zweijährig nicht gelaufen sind. Beim ARAG-Preis waren es 4,29%, beim Mehl-Mülhens-Rennen 2,96%, beim Preis der Diana 14,72%, beim Derby 7,88% und beim St. Leger gar 16,09%.« Also – nur weil die Pferde dreijährig an Rennen teilgenommen haben, wird der Einsatz mit zwei Jahren gerechtfertigt. Durch Meinungsäußerungen von Erfolgstrainern (Bruno Schütz: »Verzerrt zitiert« und »An den Haaren herbeigezogen«) werden kompetente Personen des Rennsports zitiert, was meinen Hinweis auf die Kasten- und Korpsgeist-Theorie nur untermauert.

Nur weil die Pferde dreijährig an Rennen teilgenommen haben, wird der Einsatz mit zwei Jahren gerechtfertigt.

Den Stein ins Rollen gebracht hat die Hamburger Gruner & Jahr Illustrierte »SPORTS«, die, wenn man dem Geflüster von Insidern glaubt, tiefrote Zahlen schreibt. Die »Sport-Welt« versucht sogar von den Tatsachen abzulenken, indem sie Dr. F. Joyeux zitieren läßt, daß möglicherweise nicht die Sachlage, sondern reißerisches Verkaufsgebaren unter Mißachtung »journalistischer Sorgfaltspflicht und Ethik« den Initialzünder für diesen Artikel gegeben hätte. Tierschutz als Argument hätte sich trefflich geeignet, dem Blatt ein neues Image zu verpassen. Selbst der Schulterschluß zwischen dem Rennsport und dem der Springer/Kirch-Gruppe gehörenden Privatsender SAT 1 wurde als Grund für das Aufmucken der Konkurrenz angegeben. Der »vergrätzte Wissenschaftler« Dr. Lindner hätte am Thema »vorbeigeforscht«, weil ihm die Töpfe des Direktoriums entzogen worden seien. Immerhin erkennt Dr. Joyeux, daß es dem Galopprennsport noch nicht gelungen ist, das, was er in Sachen Tierschutz tut und schon getan hat, »in die Öffentlichkeit zu übertragen«.

Der »vergrätzte Wissenschaftler« Dr. Lindner hätte am Thema »vorbeigeforscht«.

Das scheint in anderen Bereichen ähnlich zu sein, denn laut offizieller Verlautbarung des Direktoriums starben während des Derby-Meetings in Hamburg 1993 zwei Pferde. Tatsächlich sind jedoch insgesamt fünf Pferde gestorben bzw. mußten getötet werden. Das schien zu viel zu sein.

Warum finden denn überhaupt Zweijährigen-Rennen statt? Für die Besitzer der Zweijährigen ist der Fall klar: Solche Rennen sind lukrativ. Immerhin haben 1994 sechs Zweijährige mehr als 100 000 DM an Preisgeldern gewonnen. Genau 50 Pferde gewannen über 20 000 DM. Die renommierten Gestüte Röttgen und Schlenderhan buchten zusammen 697 600 DM auf ihr Zweijährigen-Konto. Aus diesem Kreis ist keine Einschränkung zu erwarten. Der Verband ist gefragt.

Die renommierten Gestüte Röttgen und Schlenderhan buchten zusammen 697 600 DM auf ihr Zweijährigen-Konto.

Ein gewisses Geschick im Umgang mit den Medien hat das Direktorium immer schon gehabt. Als der Stern-TV-Bericht erschien, in dem, allerdings sehr spektakulär, über 54 Todesfälle in einem Jahr bei Pferden in Hindernisrennen berichtet wurde, wartete man vergeblich auf offizielle Stellungnahmen. Im Gegensatz zum Verhalten der FN in Warendorf, die sich nach der »Barraffäre« gezwungen sah, eine Stellungnahme und Pressekonferenz nach der anderen zu initiieren und damit immer weiter Wasser auf die Mühlen goß, hielt man sich in Köln sehr bedeckt, wohl wissend, daß man mit dem Rücken zur Wand steht, aber durch medienträchtige Gegendarstellungen das »Corpus delicti« nur aufwertet.

Dem Galopprennsport ist es in den letzten Jahren nicht gelungen, zusätzliche Zuschauer an den Sport zu binden. Dabei ist er viel einfacher zu begreifen als beispielsweise Dressurreiten, wo zum Verständnis der Lektionen eine gewisse Vorbildung nötig ist.

Für den Service des Personenkreises, der den Sport im wesentlichen mitfinanziert – den Wetter – ist nichts getan worden.

Für den Service des Personenkreises, der den Sport im wesentlichen mitfinanziert – den Wetter – ist nichts getan worden. Wir können in Deutschland kein Eldorado wie in Tokyo oder

41

Hongkong erwarten, aber nicht einmal die Vorzeigerennbahn in Baden-Baden verfügt über Tribünen, die einer Allwetterbelastung standhalten.

Doping bei Vollblütern – der Fall Vincenzo

Wie verkrustet die Organisation des Direktoriums für Vollblut, Zucht und Rennen einerseits scheint, sie sich andererseits wieder nach außen hin schützt, hat der Dopingfall »Vincenzo« gezeigt. In keinem Rechtsstaat der Welt, der dieses Prädikat für sich beansprucht, herrscht eine solche Verquickung der Gewalten wie im Direktorium. Sie machen die Dopingregeln, führen sie durch und sanktionieren in erster und zweiter (auch letzter) Instanz der Sportgerichtsbarkeit. Dieser fatalen Verquickung der Gewalten haben wir die Französische Revolution zu verdanken. Die Notwendigkeit der Gewaltenteilung hat man im Direktorium vielleicht erkannt, aber es wird nicht gehandelt. Daniel Delius, ein bekannter Turfkolumnist sagte: »In der Turffamilie sind Kontrolleure und Dopingsünder meist per du, und wer riskiert schon gern einen Familienkrach.«

Bei »Vincenzo« fand man nach dem Rennen in Gelsenkirchen die verbotene Substanz »Clenbuterol«. Die Tatsache, daß ich per Zufall nach dem Rennen das Procedere der Entnahme beobachten konnte und darüber unmittelbar danach eine Aktennotiz verfaßte, führte innerhalb der Vorstandsetage zu einer mittleren Palastrevolution. Der Besitzer drückte durch zivilrechtliche einstweilige Anordnungen den Start des vom Direktorium gesperrten Pferdes durch – eine bis zu diesem Zeitpunkt einmalige Maßnahme. Die eindeutigen Verfahrensfehler bei der Entnahme waren für das Direktorium völlig belanglos. Die Tatsache, daß der Trainer – in Unkenntnis einer ordentlichen und juristisch haltbaren Verfahrensweise bei der Urinentnahme – für die sachgerechte Ausführung unterschrieben hatte, wurde als Hauptargument gegen den Trainer gewertet. Der negative Ausgang einer im Anschluß von mir getätigten privaten Dopingprobe in Newmarket wurde ebenfalls verworfen. »Den Beweis, daß überhaupt eine Blutprobe von mir gezogen worden wäre und daß diese Blutprobe nach Newmarket gesandt worden wäre und ein Ergebnis – wenn es wahr wäre – könne aus grundsätzlichen Erwägungen nicht gewertet werden.« (Urteil vom 23. 11. 1993) Die Tatsache, daß keine Handschuhe bei der Urinentnahme getragen wurden und der Urin-

»In der Turffamilie sind Kontrolleure und Dopingsünder meist per du, und wer riskiert schon gern einen Familienkrach.«

beutel mit schmutziger Entnehmerhand in den Urinköcher gestopft wurde, vermochte den angeschuldigten Trainer nicht zu entlasten. Die entnehmende Person hätte entsprechend ihrer »ständigen Übung« keine Einmal-Handschuhe benützt. Die Boxentür sei zwar zugemacht, aber nicht verschlossen gewesen.

Die Handhabung dieses Falles ist schlichtweg ein Skandal. Die sechsstündige Erstverhandlung hatte nur das einzige gesetzte Ziel, nachzuweisen, daß ich am Tag des Rennens vormittags im Rennstall in Warendorf gewesen wäre. Die Tatsache, daß ich nach mehr als 15jähriger mannschaftstierärztlicher Tätigkeit für die deutschen Springreiter über Ausscheideverhalten von Substanzen ganz gut Bescheid weiß, hat das Direktorium völlig außer acht gelassen. Daß das Präparat – wenn überhaupt – oral gegeben wird und selbst meine Anwesenheit in Warendorf und das Zusammentreffen mit einer positiven Dopingprobe keinen schlüssigen Beweis hätte ergeben können, hatte man nicht in Erwägung gezogen.

Die Handhabung dieses Falles ist schlichtweg ein Skandal.

Es wurden vor allem Zeugen aufgefahren, die meine Glaubwürdigkeit erschüttern sollten. Es bestand lebhafter fernmündlicher Kontakt von seiten des Direktoriums zu einem Zeugen *vor* der Verhandlung – eine einmalige Situation in einem Rechtsstreit! Das Direktorium zog diesen Zeugen aus dem Hut wie ein Zauberer den Hasen, denn die Gegenpartei war auch nicht von der Existenz eines Zeugen dieser Qualität informiert worden.

Es wurden vor allem Zeugen aufgefahren, die meine Glaubwürdigkeit erschüttern sollten.

Eine Ehre wurde mir in diesem Verfahren als »advocatus diaboli« allerdings zuteil. Mein Name wurde in der Urteilsbegründung 13mal zitiert, ein Viertel der Urteilsbegründung wurde vollinhaltlich meiner Person gewidmet. Jeder kann das Urteil nachlesen.

Der Vorsitzende des Verbandsgerichts führte weiter aus: »Es mag sein, daß das FEI-Reglement und der Englische Jockey-Club das Tragen von Einmal-Handschuhen vorsieht. Für den Galopprennsport gibt es in Europa aber keine einschlägigen und verbindlichen Verfahrensrichtlinien, die die Benutzung von Einmal-Handschuhen vorsehen, womit damit gegen diese Richtlinien auch nicht verstoßen werden kann.«

Ein von mir persönlich an den Präsidenten des Direktoriums verfaßtes vier DIN-A4-Seiten langes Schreiben wurde mit einem Zweizeiler beantwortet, der den Erhalt bestätigte. Interessant ist auch, daß der persönlich an den Präsidenten gerichtete Brief drei Tage später schon auf dem Tisch der

Interessant ist, daß der persönlich an den Präsidenten gerichtete Brief drei Tage später schon auf dem Tisch der »unabhängigen« »Sport-Welt« landete.

»unabhängigen« »Sport-Welt« landete, was den Hausjourna-
listen dazu bewegte, fleißig zu glossieren. Gar nicht gefallen
hat offensichtlich mein Briefpapier mit dem FEI-Briefkopf.
Verstanden hat das Direktorium mein Schreiben offensichtlich
bis heute nicht, den wahren Hintergrund der sachlich konstruktiven Kritik hat man als Angriff gesehen.

Mir bleibt aber noch ein Trost: Auch im Direktorium wird
jetzt die weltweit übliche Entnahme der Dopingproben mit
Handschuhen durchgeführt, auch wenn »keine verbindlichen
Verfahrensregeln« in Europa existieren. Ein anderer Kritik-
punkt, daß ein Richter in einem Sportgerichtsverfahren
wenigstens den Namen der gefundenen Substanz korrekt aus-
sprechen sollte, wird sicherlich auch die Anschaffung eines
medizinischen Wörterbuchs bewirkt haben.

Es ist nur mit der diktatorischen »Druck-nach-unten-Politik«
zu erklären, daß die gefügige Trainerschaft der Vollblüter
nicht aufmuckt. Vielleicht war der junge Trainer auch noch
nicht berühmt genug und vielleicht fehlte dem Besitzer des
Ausnahmepferdes dieser gewisse Titel vor dem Familienna-
men. Ich vermag nur zu spekulieren, wenn so etwas bei den
Erfolgstrainern Jentzsch, Ostmann oder Schütz vorgekommen
wäre! Vielleicht hätten wir von all diesen Dingen niemals
etwas erfahren.

Fest steht jedenfalls, daß von einer geregelten Organisation in
Sachen Doping-Bekämpfung im Direktorium nicht die Rede
sein kann. Ich bin ganz sicher, daß nach meinem Brief an den
Präsidenten einige Konsequenzen ergriffen wurden – aber das
kann doch nicht der korrekte Weg sein, daß erst durch einen
Außenstehenden auf interne Mißstände hingewiesen wird.
Internes Aufarbeiten ist dringend vonnöten.

Der Fall Wöhler

Selbst das »Hausblatt des Direktoriums« bezeichnet den Fall
Wöhler als die spektakulärste Dopingaffäre in der Nach-
kriegsgeschichte des Vollblutsports. Der Trainer war beschuldigt worden, die Behandlung seiner Pferde mit der verbotenen
Substanz Isoxsuprine in mehreren Fällen gebilligt zu haben.
Das ist der achte Fall in 16 Monaten! Wie der Reiter oder
Fahrer (Responsible Person) im Turniersport immer verantwortlich zeichnet, hat im Vollblutrennsport der Trainer für
alles einzustehen. Er ist auch bei personeller Abwesenheit für
seinen Stall verantwortlich.

In die Schlagzeilen geriet Wöhler besonders, weil sein Schützling »Royal Abjar« nach der zunächst eingestrichenen Siegprämie in Höhe von 220 000 DM wegen nachgewiesenen Dopings diese wieder zurückzugeben hatte. Nachdem man sich in einer ersten Sitzung vor dem Ordnungsausschuß nicht einigen konnte, war den Parteien noch einmal Zeit zur Überlegung gegeben worden. Es bleibt zu spekulieren, warum weder ein aus USA angekündigter Experte anreiste noch der anwesende Hannoveraner Pharmakologe und Toxikologe Prof. Dr. Hapke zu seiner Meinung befragt wurde. Das Verfahren bekam durch das Schuldeingeständnis von Wöhler eine überraschende Wende. Wöhler wurde mit einer Geldbuße in Höhe von 50 000 DM bestraft, außerdem erhielt er einen Lizenzentzug bis 31. Dezember 1995 auf Bewährung. Die Bewährungsfrist endet am 31. Dezember 1998.

Das Verfahren bekam durch das Schuldeingeständnis von Wöhler eine überraschende Wende.

Das Urteil ist ein Produkt der in der »Sport-Welt« zitierten »Hinterzimmer-Diplomatie« und hat mit einer Rechtssprechung nicht viel zu tun. Aktive Reue hat man dem Beteiligten wohl bescheinigt. Die Angst des Direktoriums, eine langfristige Sperre ohne Bewährung auszusprechen und sich dann wegen der Verhinderung der Berufsausübung vor einem Zivilgericht wiederzusehen, hat diese verhältnismäßig milde Strafe bedingt. Die Bewährungsebene wird zukünftig in ähnlich gelagerten Fällen als präjudizierendes Ereignis analog anzuwenden sein.

Das Dopingproblem sollen nur falsche Medikamentenanwendungen ausgelöst haben. Trainer und Futtermeister sind für die Fütterung verantwortlich. Die tägliche Medikation hat vielleicht der Tierarzt verschrieben, aber gegeben wird das Ganze vom Stallpersonal. (Branchenjargon: »Ohne das weiße Zeug fressen die Tiere doch gar nicht mehr!«) Und das soll man nicht kontrollieren können?!

Warum müssen sich eigentlich die jungen Vollblüter einer flächendeckenden Winterbehandlung unterziehen, wenn sie doch so gesund sind? Eine medizinische Indikation zum Einsatz der Substanz Isoxsuprine hätte nicht bestanden. Beides wurde von der Verteidigung vorgetragen. Weder dem damaligen Haustierarzt noch dem Direktorium ist offensichtlich bekannt, daß bei manchen Pferden nach einer Isoxsuprine-Behandlung noch über mindestens zwei Monate hinaus Spuren der Substanz im Urin nachgewiesen werden können. Deshalb ist Wöhlers Argumentation durchaus Glauben zu schenken, wenn er beteuert, das Medikament sei aus seinem Stall verbannt worden, als plötzlich am 20. November vier Tage

Nach einer Isoxsuprine-Behandlung können noch über mindestens zwei Monate hinaus Spuren der Substanz im Urin nachgewiesen werden.

vor seinem Sportgerichtsverfahren bei einem Rennen in Bremen bei dem Pferd »Landrino« wieder Spuren von Isoxsuprine gefunden wurden. Den Besitzern des Stalles Margaux – die Bremer Herren Walter Jacobs, Wolf-Hubertus Großkreutz und der ehemalige Verbandsgeschäftsführer Hans-Heinrich von Loeper – mag diese Peinlichkeit sauer aufgestoßen sein. Die Szene ist verunsichert, zumal die Modedroge auch in anderen renommierten Ställen aufgetaucht ist.

Dabei ist die Erklärung doch so einfach. Das Problem kann nur über die Etablierung von Schwellenwerten gelöst werden, sonst ist beim Pferd bei der bestehenden hochqualifizierten Dopinganalytik keine verantwortungsbewußte und indizierte Therapie mehr möglich und die Anzahl der positiven Dopingfälle eskaliert noch weiter, ohne jeweils ein wirklicher »Fall« zu sein. Die Einrichtung der Schwellenwerte ist Sache des Verbandes. An der Kostenfrage allein darf diese Maßnahme nicht scheitern. In einer Art konzertierter Aktion könnte man als Joint Venture mit den anderen Verbänden wie FN und HVT sowie weiteren internationalen Verbänden gemeinsame Sache machen, denn dieselbe Problematik existiert bei allen anderen Pferdeverbänden.

Ein Verband hat die Pflicht, den Sünder zu bestrafen. Wenn er aber keine Vorsorge durch rechtzeitige Verfahrensänderungen trifft, entläßt der Verband seine Schützlinge in die Kriminalität. Um so schwerer wiegt die Ankündigung nach der Nikolaus-Versammlung in Köln, daß jetzt das Reglement gründlich überarbeitet worden sei, es wären nun auch Dopingproben im Training möglich. Auch hätte man einen Strafenkatalog geschaffen. Hat man sich doch meinen vierseitigen Brief mit der von mir zitierten konstruktiven Kritik aus dem Jahre 1993 nochmal vorgenommen? Noch ist zu wenig geschehen, obwohl »atmosphärische Störungen« zu registrieren sind. Der nächste Fall mit der Modedroge Isoxsuprine ist vorprogrammiert, weitere werden folgen. Und sollte man das Isoxsuprine-Problem (1993 bereits zehn Fälle im deutschen Vollblutbereich!) irgendwann einmal in den Griff bekommen haben, kommt die nächste Modedroge. Diese Entwicklung hat die Dopinggeschichte gezeigt.

Die mehrfach zitierte »Sport-Welt« bezeichnet in ihrer Ausgabe zum Jahreswechsel 1994/1995 die Entwicklung als »rollende unselige Lawine«. Man gibt sich aufgeschlossen, wenn man sogar einsieht, daß diese Lawine den ganzen Sport zu überrollen droht. Die immer wieder vorgebrachten Argumente, man habe ja jetzt das Reglement angepaßt und die richtigen Konsequenzen ergriffen, sind nur eine verbale Wiederholung von Absichtserklärungen mit dünnem Inhalt.

Der Verband läßt Glaubwürdigkeit vermissen. Es ist schon soweit gekommen, daß man sich nach einem Sieg kaum noch spontan freuen kann, und die Vermutung, daß nur die Spitze des Doping-Eisbergs offenbar wurde, hat sich bereits bestätigt. Meine schriftliche Anfrage, Zahlen und Hintergründe über Dopingvergehen im Galopprennsport in Erfahrung zu bringen, wurde negativ beantwortet. Man will sich nicht in die Karten schauen lassen. Dabei kann nur Offenlegung aller Fakten einschließlich der statistischen Auswertung Transparenz in die Aneinanderkettung von Unglücksfällen bringen. Noch ein Beispiel aus einem anderen Bereich:

Hoppegarten – das Aushängeschild des deutschen Galoppsports vor dem Krieg – ist im Juli 1994 per Pachtvertrag von der Treuhand an den Union-Klub übereignet worden, nachdem mehrere Bewerber, unter anderem das Land Brandenburg und eine Gruppe um Paul Schockemöhle, »bei Fuß« standen. Bis 1996 soll dem klassischen Klub Zeit gewährt werden, ein schlüssiges Konzept vorzubereiten. Der angekündigte Hoppegarten-Manager läßt noch auf sich warten. Wenn das Projekt nicht in 1995 konzeptmäßig abgeschlossen wird und keine finanzkräftigen Partner gefunden werden, ist es zum Scheitern vorprogrammiert.

Hauptverband für Traber-Zucht und -Rennen (HVT)

Die Traberleute stellen von Grund auf ein anderes Klientel dar als das im Galopprennsport. Der Traber ist (neben der Brieftaube) immer noch das »Rennpferd des kleinen Mannes« gewesen, wiewohl wegen des besseren Services auf der Rennbahn mit überdachten und gastronomisch bestens versorgten Tribünen für den Wetter weitaus mehr getan wird als auf der Galopprennbahn. Allerdings sind Leute wie Wilhelm Geldbach, der Ende der sechziger Jahre für den Tribünenbau in Gelsenkirchen mit 11 Millionen DM aus seinem persönlichen Vermögen haftete, weit und breit nicht mehr zu erblicken.

In München-Daglfing – jahrelang die deutsche Vorzeigebahn mit jährlichen Umsatzrekorden – haben Intrigen und Korruptionsverdacht beinahe zum Konkurs geführt. Der jetzige Vorstand vermag die Schuldenlast nur sehr schwer abzubauen.

Der Verband läßt Glaubwürdigkeit vermissen.

In München-Daglfing haben Intrigen, Korruptionsverdacht und Bereicherungen beinahe zum Konkurs geführt.

47

Das alles hat den Wetter verunsichert, was dieser durch Fernbleiben quittiert.

Das Wohlergehen der deutschen Trabrennbahnen steht in direktem Zusammenhang mit den Wettaktivitäten. Die Zahl der Wetter ist rückläufig. Während die Deutschen immer mehr Geld für Glücksspiele und Sportwetten ausgeben, sinkt der Marktanteil der Pferdewetten erheblich. Von rund 25% nach der Währungsreform rutschte die Pferdewette in die Bedeutungslosigkeit auf knapp 2% ab. Allein im Jahr 1994 büßten die Trabrennbahnen in Deutschland 17 Millionen DM ein. *Der Überlebenskampf der Trabrennbahnen hat längst begonnen.* In München-Daglfing drückt eine Schuldenlast von 30 Millionen DM. Die Landesregierung bat man erfolgreich um Erhöhung der Wettbezüge, was der Wetter nun mit schlechteren Quoten bezahlen muß. Im Frühjahr hat der Rennveranstalter in Elmshorn Konkurs angemeldet, das Aus konnte jedoch noch einmal abgewendet werden. Ein unbelasteter Nachfolgeverein wurde gegründet.

Aber auch beim Branchenführer, dem Trabrennverein Gelsenkirchen, ist man keineswegs euphorisch. Man profitiert vom regen kleinen Grenzverkehr der Niederländer und Belgier. *Die Buchmacherumsätze steigen, während die Rennen vor leeren Rängen stattfinden.* Die Einrichtung der in den USA üblichen gespenstischen Turf-Hits, den »Simultan Races«, bei denen die Besucher Leinwandübertragungen einer mehrere hundert Meilen entfernten Bahn vorgesetzt bekommen, konnte in Gelsenkirchen für 1995 gerade noch abgewendet werden. Dies wäre für Insiderkreise mit dem programmierten Ende der benachbarten Bahn in Recklinghausen verbunden gewesen.

Die Fehlersuche für den beschriebenen Abwärtstrend wird auf den »kleinen Mann« gelenkt, dessen Vertrauen nicht mehr in erforderlichem Maß vorhanden zu sein scheint. Zunehmender Wettbetrug wird auch als Ursache für den Vertrauensverlust angegeben. Per Test wurde das Wettverhalten in Berlin-Mariendorf erkundet. Die seit Jahren bewährte Eventualquotenanzeige, die eine weitgehende Transparenz des Wettmarktes garantierte, wurde mit dem Hinweis auf sinkenden Umsatz abgeschaltet. Ein Traberfunktionär kommentierte: »Im Nebulösen liegt die Hoffnung.«

Dem weltweit anerkannten Doping-Fachmann Prof. Dr. Manfred Donike schenkte man von seiten des Traber-Verbandes kein Vertrauen mehr und baute eine verbandseigene Laboreinrichtung in München auf. Aus den von Donike gefundenen

Substanzen wurden seiner Meinung nach vom Verband nicht die richtigen Schlüsse gezogen, was zu Verstimmung und daraus resultierenden Konsequenzen führte. Hier trifft man bei den Analytikern einen wunden Punkt. Die Daseinsberechtigung des Analytikers steigt proportional mit dem Finden von verbotenen Substanzen. Wenn diese Ergebnisse vom Verband unter den Tisch gekehrt werden, muckt der Analytiker auf. Das mag die Erklärung für die Abwendung des HVT von Donike sein.

Regularien aufzustellen, den Sanktionskatalog dazu zu erstellen und die Laboruntersuchungen im eigenen Hause durchzuführen – diese Trilogie könnte Anlaß zu dem Rückschluß geben, den Einblick von außen nicht gewähren zu wollen. Mit diesem Vorwurf muß neben dem Direktorium auch der HVT leben.

Wenn diese Ergebnisse vom Verband unter den Tisch gekehrt werden, muckt der Analytiker auf.

Olympia und Pferdesport

Der Pferdesport war bereits in der Antike ein wesentlicher Bestandteil der Olympischen Spiele. Eine Statue aus dem 2. Jahrhundert v. Chr. zeigt einen Jockey, mit der linken Hand die Zügel und mit der rechten offensichtlich die Peitsche haltend. Das Pferd sieht aus, als ob es sich im Moment des Absprungs befände. Diese Statue wurde von Fischern auf der Insel Skiathos gefunden. Es ist dokumentiert, daß der Pferdesport überhaupt die erste olympische Mannschaftsdisziplin war. Eindeutige Beweise von Pferdesportarten verdanken wir der Filigranarbeit der Griechen Pausanias und Antikas.

Es ist dokumentiert, daß der Pferdesport überhaupt die erste olympische Mannschaftsdisziplin war.

Übersicht der antiken Reiterspiele

Olympiade	Jahr v. Chr.	Disziplin
25.	680	Tethriponn (4spänniger Kampfwagen)
70.	500	Apene (Eselrennen)
71.	496	Kalpe (Flachrennen, Hengste und Wallache)
84.	444	Kalpe wieder abgesetzt
93.	408	Synoris (2spänniger Kampfwagen)
99.	384	Polikon Tethrippon (4spänniger Kampfwagen mit Junghengsten)
128.	268	Poliké Synoris (2spänniger Kampfwagen mit Junghengsten)
131.	256	Polokos Keles (Flachrennen mit Junghengsten)

Aus der Tabelle ist ersichtlich, welche Pferdesportarten in der antiken Olympiade abgehalten wurden. Flachrennen und Kampfwagenrennen standen im Vordergrund.

Unlängst hat man eine sensationelle Ausgrabung gemacht. In einem Grab aus dem Jahre 5000 v. Chr. wurde ein Reiter zusammen mit seinem Pferd gefunden. Das ist insofern von allgemeinem Interesse, als man bis dahin annahm, daß die Pferdepopulation Griechenlands von den Arabern ausgegangen sei. Durch den Fund wurde aber bewiesen, daß sich die Pferdeverbreitung von Rußland ausgehend direkt nach Griechenland vollzog. Darüber hinaus ist dieser Fund ein Zeugnis der bereits damals vorhandenen engen Beziehung zwischen Mensch und Pferd.

Der Reitsport steht seit Seoul 1988 endgültig unter Beschuß. In Barcelona war man bereits zu Kompromissen gezwungen gewesen, die bei einer »gesicherten« Sportart keinesfalls geduldet worden wären. Ich war Mitglied des Organisationskomitees in Barcelona und vermag aus eigener Sicht zu urteilen. Das COOB (Comité Organizador Olimpico de Barcelona) hatte keinerlei Ambitionen, den Pferdesport durchzuführen. Man war gespannt, wie sich diese Leute beim Auftreten der Afrikanischen Pferdepest in Andalusien verhalten würden. Mit Hilfe der Veterinärbehörden in Brüssel und der OIE (Office International des Epizooties – Internationale Seuchenbehörde) mit Sitz in Paris konnte entgegen früheren Gepflogenheiten, bei denen in einem Erkrankungs- oder Todesfall bei Pferdeseuchen in einem Land immer das ganze Land ausgegrenzt und als Seuchenland deklariert wurde, erstmals die Regionalisierung durchgeführt werden, die davon ausgeht, daß der Krankheitsherd aus verschiedenen Gründen sich nicht verbreiten kann. Die Wissenschaftler haben recht behalten. Als einziges Land legten allerdings die USA ihren Pferden eine 60tägige Quarantäne vor dem Reimport nach Amerika auf – eine völlig sinnlose Maßnahme, unter der einmal mehr das Pferd zu leiden hatte. Das ist leider nicht die einzige »Veterinärzitrone«, die ich zu vergeben hätte. Der Veterinär-Amtsschimmel wiehert längst weiter, wenn man die völlig sinnlose Regelung von Piroplasmose-positiven Pferden nach USA bedenkt. Diese Beschränkung hat zur Korrespondenz der FEI mit der allerhöchsten USA-Veterinärbehörde geführt. Nun, die Piroplasmose ist eine weltweit verbreitete Erkrankung. Sie verfügt über einen Sonderstatus, das heißt sie kann nur über den Zwischenwirt Zecke übertragen werden. In Europa bestehen Kontaminierungsmöglichkeiten in Frankreich, Spanien, Italien und Rußland, aber auch in Deutschland kennt man seropositive Fälle. Das Problem liegt aber darin, daß sich die Erkrankung in den

Der Reitsport steht seit Seoul 1988 endgültig unter Beschuß.

51

wenigsten Fällen klinisch äußert, also eigentlich nicht behandlungsbedürftig ist – ein positiver Bluttiter aber hat lebenslänglichen Bestand. Wie gut Pferde mit seropositivem Titer leben können, zeigt die Tatsache, daß sowohl der Olympiasieger von Seoul »Jappeloup de Luze« und die Olympiasiegerin von Barcelona »Classic Touch« seropositiv waren, ohne gesundheitlichen Einschränkungen zu unterliegen. Um so unverständlicher ist die amerikanische Konsequenz, keine seropositiven Pferde nach Georgia temporär importieren zu wollen. Dadurch werden die gesamten Mannschaften gehandicapt (Italien, Frankreich, Spanien, Deutschland und die südamerikanischen Länder). Unverständlich aber auch, weil die Einfuhrbestimmungen zu vergleichbaren Großereignissen wie die Olympiade in Los Angeles, das Weltcup-Finale im Tampa und Delmar vorübergehend aufgehoben wurden.

Unverständlich ist die amerikanische Konsequenz, keine seropositiven Pferde nach Georgia temporär importieren zu wollen.

Die definitive Entscheidung, daß die Spiele in Barcelona stattfinden konnten, darf ich durchaus meiner Person zuschreiben (was nicht kritiklos blieb). Ich habe in meiner Funktion als Chairman des FEI-Veterinär-Komitees aufgrund ausführlicher Recherchen in Abstimmung mit den Behörden am 19. November 1991 dem FEI-Bureau vorgeschlagen, das IOC zur Zusage zu veranlassen. Hätten die Pferdesport-Spiele 1992 nicht stattgefunden oder wären sie verlegt worden (Aachen, Hickstead und St. Gallen standen als Bewerber bereit), hätte die gebeutelte Pferdesportdisziplin einen weiteren Schlag einstecken müssen. Darüber waren sich die Insider vor den Olympischen Spielen in Barcelona völlig im klaren. In Barcelona ruhten bis zum Tag X – dem positiven Entscheid (19. November 1991) – sämtliche Aktivitäten, was aus der Sicht der sparsamen Katalanen sogar verständlich ist, denn sie wollten keine Pesete umsonst ausgeben. Dieser Zeitverlust konnte bis zum Schluß der Olympiade nicht mehr eingeholt werden. Die FEI mußte wesentliche Zugeständnisse akzeptieren.

Der Zeitverlust konnte bis zum Schluß der Olympiade in Barcelona nicht mehr eingeholt werden.

1. Der Finalwettbewerb konnte trotz anfänglicher Zusage nicht im Olympiastadion ausgetragen werden. Mir wurden durch Herrn Fonseca (COOB-Sportdirektor) zwei Gründe angegeben:
a) Die Athleten könnten später durch den Pferdekot Tetanus bekommen.
b) Die Vorbereitungen für die Schlußfeier würden sehr aufwendige Maßnahmen erfordern, die eine Veranstaltung am gleichen Tag unmöglich machten.

2. Im Alternativstadion mit provisorischen Tribünen (der Polo-Club wollte keine Tribünen nach der Olympiade, die Veranstaltungen fänden ohnehin unter Ausschluß der Öffentlichkeit statt) wurde offiziell eine Kapazität für 15 000 Zuschauer geschaffen (in Wirklichkeit waren nur 11 500 Plätze vorhanden).

3. Trotz eindeutig im Reglement geforderten Maßen baute man Pferdeboxen in einer Größe von 2,75 x 2,75 m = 7,65 m². Die Vorschrift für Olympiastallungen lautet 12 m². Die Bemühungen des Overall Technical Delegates Mr. Michael Tucker und meine eigenen provozierten einen Eklat, der uns beide fast zur Aufgabe veranlaßte. Ich habe nur weitergemacht, weil ich überzeugt war, daß ein Rückzug zu diesem Zeitpunkt keinesfalls der Sache gedient hätte. Die Unterbringung der VIP's in den besseren Hotelkategorien war jedenfalls gesichert, aber unser Athlet, von dem der Sport lebt, wurde in »Rattenlöcher« gesteckt, die zudem nur 3 m hoch waren. Man weiß, daß das Pferd einen Luftraum von 60 m³ benötigt. Jedem Pferd fehlten also 33 m³ Luft in der Box – und das unter den extremen klimatischen Bedingungen, die im August in Barcelona herrschen.

Ich habe nur weitergemacht, weil ich überzeugt war, daß ein Rückzug zu diesem Zeitpunkt keinesfalls der Sache gedient hätte.

4. Die Geländestrecke auf der Olympiade verfügt traditionsgemäß über freie Zutrittsmöglichkeiten, die eine unbeschränkte Anzahl von Zuschauern zulassen. Auch das wurde in Barcelona geändert. Mehrere Gründe wurden genannt, daß die Zuschauer nur in begrenzter Anzahl erscheinen könnten. Die Eintrittskarten wurden nur im Paket verkauft. Die Karten zur Geländestrecke wurden erst im allerletzten Moment freigegeben, so daß viele Zuschauer in ihren Heimatländern bereits im Vorfeld verunsichert waren. Angeblich wäre es entgegen eindeutiger Vorabzusicherungen nicht möglich gewesen, für eine ausreichende Infrastruktur (Straßen, Parkplätze) zu sorgen. Insbesondere wurden Sicherheitsprobleme angeführt, die einen unkontrollierten Zugang verhindern sollten. Die Sicherheitsmaßnahmen waren derart konfus, daß keiner wußte, was – wo – wann passieren sollte, was dann auch dazu führte, daß wir mit einem verletzten Pferd in der Pferdeambulanz auf dem Weg in die Klinik sage und schreibe 13(!) mal von Sicherheitskräften angehalten wurden.

Die Sicherheitsmaßnahmen in Barcelona waren derart konfus, daß keiner wußte, was – wo – wann passieren sollte.

Jedenfalls sind durch diese Verunsicherungspolitik im Vorfeld zahlreiche potentielle Zuschauer aus den klassischen Pferdeländern weggeblieben, die die Attraktivität des Sports hätten untermauern können.

Überhaupt wurden im Vorfeld der Olympiade wegen der ETA-Drohungen große Sicherheitsbedenken angemeldet. Rückblickend ist alles glimpflich verlaufen. Man munkelte, daß während der Bauphase Bomben in die Stadionmauern eingelegt worden seien und diese während der Veranstaltungen nur noch gezündet zu werden brauchten. Die Sicherheitsmaßnahmen erschienen riesig, waren jedoch unorganisiert und jederzeit zu umgehen. Der Mann am Eingangstor zum Polo-Club hat mich mehrfach am Tag gesehen. Am siebten Tag haben mich trotz meiner zweithöchsten Akkreditierung 16 Polizisten durchsucht, während meine Frau mit Kind und gepackter Tasche die Sicherheitssperren unbehelligt passieren konnte.

Die Liste von Desorganisation und Unzulänglichkeiten wäre beliebig fortsetzbar. Am Tag vor der Eröffnung habe ich dem Leiter des Equestrian Sports eine vier Seiten lange Mängelliste präsentiert – wir hatten bis zu diesem Zeitpunkt noch nicht einmal Strom im Operationsraum. Die Liste war die gleiche wie eineinhalb Jahre zuvor. Die Pferde mußten aufgrund mangelhafter Vorbereitung stundenlang am Flughafen in praller Sonne warten, weil einige Zollbeamte ihre Siesta offensichtlich für wichtiger erachteten. Dem bereits im Landeanflug befindlichen Flugzeug mit den amerikanischen Pferden sollte buchstäblich in letzter Minute die Landeerlaubnis entzogen werden, weil irgendwo in Kentucky plötzlich eine Pferdeseuche ausgebrochen sein sollte. Das Problem konnte mit Hilfe meiner Verbindungen unbürokratisch gelöst werden.

In einer klassisch starken Disziplin wie der Leichtathletik wäre das nicht möglich gewesen. Aber die Verkettung der Schwierigkeiten zeigt, daß man den Reitsport als Olympiasport nicht für voll genommen hat.

Der Reitsport ist seit 1912 olympische Disziplin. Natürlich möchte er es auch gerne bleiben. Von seiten des IOC werden Belastungspunkte gesammelt, um den Trennungsschritt vorzubereiten. Ein wesentlicher Belastungsfaktor ist die Military. Während der Europameisterschaften in Gijon 1993 unterstellte Präsident Samaranch der FEI, die Reiterspiele (d. h. die Erstellung der Geländestrecke) in Barcelona hätten 15 Millionen $ gekostet. Möglicherweise hat das Organisationskomitee in Barcelona tatsächlich diesen Wert angegeben.

Am siebten Tag haben mich trotz meiner zweithöchsten Akkreditierung bei der Olympiade in Barcelona 16 Polizisten durchsucht.

Die Verkettung der Schwierigkeiten zeigt, daß man den Reitsport als Olympiasport nicht für voll genommen hat.

Der deutsche Parcoursbauer Wolfgang Feld, der im übrigen einen allseits anerkannten Parcours für die Military errichtet hat, griff den Ball auf und wies nach, daß die reinen Kosten für die Geländestrecke nur 772 500 $ ausgemacht haben. Der COOB mußte – vor allem weil er in letzter Minute unter Zugzwang stand – die Bedingungen des Grundbesitzers Lleiro akzeptieren, der das großzügige Clubhaus des Golfplatzes, das während der Olympiade als Kommunikationszentrum diente, in das Budget integriert hatte. So sind auch andere Nebenkosten eingeflossen, beispielsweise haben die Anrainer für Wegerechte Mittel erhalten, und die Parkflächen mußten ebenfalls angemietet werden. Und schließlich hat der Königliche Polo-Club modernste Stallungen so gut wie gratis für die Bereitstellung der Sportstätte erhalten.

Diese Beträge können in Wirklichkeit dem Bau der Geländestrecke nicht angelastet werden. Das provisorische Budget der Parcoursbauten für die Welt-Reiter-Spiele 1994 in Den Haag betrug 875 000 $, wobei die Kosten für die Telekommunikation, Infrastruktur, VIP-Tribünen etc. bereits enthalten sind. Es ist leicht zu erkennen, daß ein Betrag von 15 Millionen $ für Barcelona für reine Parcoursbaukosten völlig aus der Luft gegriffen ist.

Wie flexibel man mit Olympiabauten umzugehen vermag, haben die Amerikaner in Los Angeles gezeigt. Die Haupttribüne der Rennbahn Santa Anita wurde benutzt, eine temporäre Stahlrohrtribüne auf der Gegenseite errichtet, so daß 35 000 Zuschauer Platz hatten. Die Veranstaltung endete am Sonntag, am darauffolgenden Donnerstag wurden in Santa Anita bereits wieder Rennen gelaufen.

In Atlanta 1996 wird erstmals eine Quotenregelung für die Teilnehmerzahl durchgeführt. Die Vorgabe des IOC war:

○ Die Zahl der Pferde und Reiter darf die von Barcelona nicht überschreiten.
○ Die besten Reiter sollen teilnehmen.
○ Die Repräsentation aller Kontinente soll gewährleistet sein.
○ Auf Reservereiter muß verzichtet werden.

Es besteht kein Zweifel, daß, wenn eine Sportart nicht mehr olympisch ist, diese als zweite Kategorie gewertet wird, was einen sportsozialen Abstieg bedeutet. Dem Dachverband gehen dabei unter anderem 1,5 Millionen $ an Unterstützung durch das IOC verloren, von den Zuwendungen für die

Der deutsche Parcoursbauer Wolfgang Feld wies nach, daß die reinen Kosten für die Geländestrecke in Barcelona nur 772 500 $ ausgemacht haben.

Die Veranstaltung endete am Sonntag, am darauffolgenden Donnerstag wurden in Santa Anita bereits wieder Rennen gelaufen.

Olympic Solidarity, eine Institution zur Förderung der entsprechenden Sportdisziplin in »unterentwickelten Ländern«, einmal ganz abgesehen.

Gilbert Felli, der einflußreiche Sportdirektor, ist die Kontaktperson zwischen der FEI und dem IOC. Er hat Stellung bezogen. Künstliche Mannschaftswettbewerbe (zum Beispiel Military, Moderner Fünfkampf), bei denen für die Mannschaftsmedaillen nur die Einzelergebnisse zusammengezählt werden, sollen wegfallen. In einer geheimen Sitzung der IOC-Programmkommission in Lillehammer wurden alle drei Pferdesport-Mannschaftswettbewerbe mit überwältigender Mehrheit (20:1) abgeschmettert.

Darüber hinaus gelten folgende Kriterien für eine Streichung aus dem Olympiaprogramm:

○ Sportarten, die zu gefährlich sind (Boxen).
○ Sportarten, die von zu jungen Teilnehmern betrieben werden (Turnen, Rhythmische Gymnastik, Schwimmen).
○ Sportarten, die von zu alten Athleten betrieben werden (früher Dressur).
○ Sportarten, die keine weltweite Verbreitung genießen (Universalität ist gefordert).

Für Atlanta hat man der Military einen zweiten Wettbewerb abverlangt, um eine klassische Einzelprüfung und eine zusätzliche Mannschaftsprüfung durchzuführen (wobei der Veranstalteraufwand erheblich erhöht wurde). In den Disziplinen Dressur und Springen sollte zunächst der Teilnehmer einer Mannschaft keine Medaille mehr erhalten, der den Wettbewerb nicht beendet (in Barcelona praktiziert). Diese Regelung ist aber wieder geändert worden. Gerecht ist diese Maßnahme allemal, auch wenn man das betroffene Mannschaftsmitglied verstehen kann, wenn es argumentiert, daß alle Vorbereitungen und Anstrengungen zusammen mit der Mannschaft vollzogen wurden. Im Fußball beispielsweise wird, wenn es um Medaillen geht, kurz vor Schluß der Ersatzmann eingewechselt, der dann vielleicht für zwei Minuten Olympia eine Medaille erhält. Soll ein Reiter in der Mannschaftsbewertung eine Medaille – möglicherweise sogar Geld – bekommen, wenn er keinen einzigen Parcours beendet hat?

Der einflußreiche Mexikaner Alfonso »Poncho« Romo hat eine 350 000 $ teure Studie bei dem bekannten amerikanischen Marketing-Institut Bain & Company in Auftrag gege-

ben. Das Forschungsthema lautete: »The Future of the Equestrian Sport«. Die Marktforscher haben sich reichlich Mühe gegeben. Sie haben sachlich und nüchtern geurteilt, frei von Sachzwängen und Interessenkonflikten. Sie haben festgestellt, daß der Pferdesport eine der acht Randsportarten (Borderline-Sport) ist, der unter Druck steht, aus dem olympischen Programm gestrichen zu werden. Sie haben aber auch festgestellt, daß die Chancen für den Reitsport innerhalb dieser Zielgruppe noch am besten stehen. In der Zusammenfassung taucht eine wichtige Bedingung auf, um die Situation des Reitsports zu verbessern:
»To respect the Animals Rights«.

»Respect the Animals Rights.«

Springsport

Der Springsport ist sicherlich die für Zuschauer am meisten attraktive Reitsportdisziplin. Von 290 Stunden Gesamtübertragungszeit der öffentlichen und privaten Fernsehsender im Jahre 1994 wurden 240 Stunden dem Springsport gewidmet. Es soll aber auch erwähnt werden, daß den Nationenpreis vom CHIO Aachen – in Konkurrenz mit dem Achtelfinale in Wimbledon – nur 650 000 Zuschauer sehen wollten, während 6,3 Millionen sich lieber Boris Becker anschauten. Hinsichtlich der Medien haben gegen Fußball und Tennis keine anderen Sportarten eine Chance.
Warum ist der Springsport innerhalb der Reiterei so attraktiv? Mehrere Gründe lassen sich dafür anführen. Eine der wesentlichsten Motive ist sportsoziologisch zu sehen. Der Ausgang des Springens ist immer sehr ungewiß. Wer heute den Großen Preis gewinnt, kann morgen mit dem gleichen Pferd letzter sein. Diese Tatsache macht den Sport abwechslungsreich und zuschauerattraktiv, weil nicht immer dasselbe Paar gewinnt. Der Springsport ist aber auch interessant, weil er im großen und ganzen für den Zuschauer einfach nachvollziehbar ist. Wenn eine Stange fällt, sind das vier Punkte. Das kann jeder verstehen.
Zwei Goldmedaillen in der olympischen Geschichte zu gewinnen ist bisher nur Jonqueres d'Oriola gelungen. Daß Springpferde an zwei aufeinanderfolgenden Olympiaden teilnehmen, ist ebenfalls eine Seltenheit. Von unserer Goldequipe in Seoul war in Barcelona kein Pferd mehr dabei. Entweder konnten

Hinsichtlich der Medien haben gegen Fußball und Tennis keine anderen Sportarten eine Chance.

sie nicht mehr an ihre Form anknüpfen, oder sie bekamen gesundheitliche Probleme. Überhaupt ist es schwierig, ein Topspringpferd über einen langen Zeitraum im Spitzensport unbeschadet im Einsatz zu halten. Die Insider sagen selber, daß man nur eine bestimmte Anzahl von Kilometern (Sprüngen) zur Verfügung hat. Das Management und professionelle Einteilung zeichnen einen guten Springreiter aus.

Das Management und professionelle Einteilung zeichnen einen guten Springreiter aus.

Der oft geschmähte Paul Schockemöhle hat positive Akzente gesetzt. Immerhin ist sein »Deister« in einem Zeitraum von zehn Jahren dreimal Europameister geworden und war 1979 bereits Dritter. Das wird ihm so schnell keiner nachmachen. Paul Schockemöhle hat sich während seiner aktiven Zeit immer für das Pferd eingesetzt. Beim Volvo-Weltcupfinale in Paris wurde er vorgeschoben und hat dem Veranstalter klargemacht, daß man auf diesem Hallenboden keinen Weltcup ausrichten kann. Aufgrund seiner Initiative wurde wegen der tiefen Bodenverhältnisse einen Tag nicht geritten, und erst nachdem man für viel Geld den Boden bearbeitet hatte, wurde Schockemöhle wieder verträglich.

Viele haben auch vergessen, daß er nur gegen seinen Willen im Finale der Europameisterschaft 1987 in St. Gallen antrat. Sportlich ohne Chance, machte ihm die deutsche Sportführung klar, daß er einen Start bei katastrophalen Bodenverhältnissen dem Veranstalter und der Nation schulde. Leider zog sich »Deister« einen Anriß des Unterstützungsbandes zu, und Paul mußte den Parcours zu Fuß verlassen. Das wäre sicherlich nicht passiert, wenn er sich gegen die Verbandsobrigkeit hätte durchsetzen können. Leitfiguren wie Paul und Alwin Schockemöhle kann man nicht erfinden, sie werden geboren. Beide waren immer volksnaher als der »coole« Hans-Günther Winkler.

Leitfiguren wie Paul und Alwin Schockemöhle kann man nicht erfinden, sie werden geboren.

Reiteraufstand

Lange Jahre war ich der Ansicht, daß ich als praktizierender Tierarzt das besondere Verständnis der Reiter genießen würde. Spätestens jedoch, als es zur Einführung der zweiten und zusätzlichen Verfassungsprüfung von Springpferden kam, wurde mir der Titel »Wendehals« zuerkannt.

Mich hatte immer schon gestört, daß im Springsport zwar eine Verfassungsprüfung existiert, sie aber im Gegensatz zum vorbildlichen Militarysport weder für voll genommen wurde noch zu ähnlichen Konsequenzen führt. Den Springreitern mit ihrem Umfeld erscheint diese Prüfung als nutzloser Ballast. Bei großen Ereignissen wie Weltmeisterschaften und Championaten erschien mir die Zeit zwischen der Verfassungsprüfung und der letzten und oft entscheidenden Finalprüfung ziemlich lang, zumal die Pferde kräftezehrende Qualifikationen und die Mannschaftsprüfungen vor dem letzten Tag bereits hinter sich hatten. Meine Idee einer zweiten Verfassungsprüfung vor dem Finaltag wurde dann auch in das Reglement aufgenommen.

Es sei betont, daß bei den Vorgesprächen im Rahmen einer Revision des Reglements sowohl Vertreter der entsprechenden Disziplin als auch der Aktiven eingeladen wurden. Der Vorwurf mangelnder Information und Kommunikation, mit dem die Veterinärkommission belastet wurde, traf uns sehr, zumal – aus welchen Gründen auch immer – der Vertreter des International Jumping Riders Club (IJRC), der Internationalen Vereinigung der aktiven Springreiter, beispielsweise im Frühjahr 1994 diese Einladung gar nicht annahm.

Nun war also die zweite Verfassungsprüfung etabliert. Im Vorfeld des Volvo-Weltcupfinales 1994 in 's Hertogenbosch wurde ich, nachdem ich bereits durch ein Fax informiert worden war, durch einen Anruf des Weltcupdirektors Max Amann in Kenntnis gesetzt, daß sich der IJRC deutlich von diesem Vorhaben distanziere und man eine Aussetzung dieser Regel fordere. Nun, ein »Gesetz« aufzuheben, das expressis verbis im Sportreglement steht, ist nicht so ohne weiteres möglich. Die Tatsache, daß die Springreiter eindeutig Opposition bezogen, macht nachdenklich. Haben sie vielleicht etwas zu verbergen? Die Chance, althergebrachtes Verhalten abzustellen und nach außen hin zu zeigen, daß man fairen und sauberen Sport zu praktizieren gewillt ist, haben sich die Springreiter allerdings durch diese eindeutige Position einmal mehr entgehen lassen.

Die »Barraffäre« ist ausgestanden. Sie ist von kompetenter und nicht kompetenter Stelle aus hinreichend kommentiert worden. Es ist in unserer heutigen Zeit des bewußteren Umgangs mit der Kreatur schwer, Außenstehenden klar zu machen, daß ein Pferd gelegentlich eine Stange oder Latte berühren muß, um aufgemuntert zu werden und als Konsequenz vorsichtiger zu springen. Es besteht kein Zweifel, daß diese Art der Trainingshilfe verpönt ist. Als solche ist sie seit vielen Jahren in der FEI und auch in Deutschland verboten. In

Den Spring-reitern mit ihrem Umfeld erscheint die Verfassungs-prüfung als nutzloser Ballast.

Die Tatsache, daß die Spring-reiter eindeutig Opposition bezogen, macht nachdenklich.

den USA wird das Barren mit einer Bambusstange nach wie vor praktiziert, was vor allem durch die damit verbundene »Geräuschkulisse« effektiv zu sein scheint. Das Reglement im Bereich des Turnier- und Vorbereitungsplatzes durchzusetzen ist heute auch kein Problem mehr. Was zu Hause getan wird, bleibt in der Regel im Verborgenen. Daher sind nun auch Trainingskontrollen erlaubt. Mit der Zugehörigkeit zu einem Kader unterwirft sich der Reiter automatisch dieser Kontrollmöglichkeit. Trotzdem bleibt zu fragen, inwieweit diese Kontrollmechanismen greifen werden. Es ist nur anzuraten, daß die Reiter mit offenen Karten spielen. Offene Türen helfen mehr als Geheimnistuerei.

Die Springreiter sind in bezug auf Doping »Branchenführer« innerhalb der FEI-Disziplinen. Von 9608 Proben in allen Disziplinen im Zeitraum zwischen 1981 und 1992 waren 205 positiv (2,13%). Von den 205 positiven Proben entfielen 141 auf den Springsport (68,8%). Die deutsche Beteiligung an den positiven Proben betrug 24 Fälle, was immerhin 12% der positiven Analysen ausmachte. Das sind Fakten. Der Springsport im allgemeinen und die deutschen Springreiter im besonderen sollten rasch Konsequenzen aus diesen Zahlen ziehen. Einmal mehr muß Kooperation und Beratung der Sanktion vorangehen. Die Tierärzte, die den Springsport begleiten, haben die Aufgabe, zunächst beratend zu wirken, um die Reiter mit ihrem Umfeld nicht völlig zu kriminalisieren. Der erwähnte Maßnahmenkatalog wie effizientere Behandlung der positiven Dopingfälle, ein eindeutiger Sanktionskatalog und das Anheben von Zeitstrafen müssen unbedingt beachtet werden.

Etwas überraschen muß die bisher fehlende strafrechtliche Ahndung der sportrechtlich offenbarten Delikte. Schließlich sagt das Tierschutzgesetz eindeutig, daß die Teilnahme eines Pferdes an einem Wettbewerb unter dem Einfluß eines Pharmakons eindeutig verboten und damit tierschutzrelevant ist. Fehlt da vielleicht die Verbindung zwischen den Sportverbänden und der zuständigen Tierschutzbehörde? Oder ist eine Sanktion der Tierschutzbehörde gar zu lästig? Es hat in Deutschland seit Bestehen des neuen Tierschutzgesetzes noch keine einzige strafrechtliche Verfolgung oder gar ein Urteil gegeben. Gefallen sich die Gesetzgeber nur im Verabschieden von Gesetzen, ohne die daraus notwendigen Folgen zu beachten? Ich habe jedenfalls persönlich festgestellt, daß, wenn wir einen tierschutzrelevanten Fall angezeigt haben, die Bereitschaft zur Recherche nur sehr schleppend vor sich ging.

Dressursport

Natürlich möchte jede Disziplin gern als »Königsdisziplin« angesehen werden. Die Dressur macht da keine Ausnahme. Wer sich die Ritte von Nicole Uphoff in Stockholm, Seoul und Barcelona auf »Rembrandt Borbet« angesehen hat, dem werden sie unvergeßlich bleiben. Sie haben auf wunderbare Art und Weise die Harmonie zwischen Mensch und Tier gezeigt. Besonderes Gefallen haben die Leichtigkeit und der Schwung ausgelöst.

Natürlich möchte jede Disziplin gern als »Königs- disziplin« angesehen werden.

Die Dressur befindet sich in einem Umformungsprozeß. Die Kritiker unterstellen ihr Einförmigkeit, mangelnde Spannung und schlechte Verständlichkeit beim Laien. Auch sind die wenigsten Reiter in der Lage, die beispielsweise im Grand Prix Special geforderten Lektionen nachzureiten. Die seit einigen Jahren immer beliebter gewordene Kür scheint die Lösung des Problems zu sein. Entgegen der stoischen Uniformität der klassischen Dressur will man ein belebendes Element durch die Verwendung von Begleitmusik einbringen. Die Lektionen können der Musik angepaßt werden und bedürfen nicht der punktuellen Genauigkeit. Zweifellos ist diese Dressurdisziplin attraktiver für den Zuschauer, aber sie wird durch die Art des Aufbaus nicht besser verständlich oder nachvollziehbarer.

Nach Insiderinformationen will Herr Samaranch gern die Kür als die alleinige Disziplin für die Einzelwertung bei der Olympiade sehen. Der Fachausschuß und das FEI-Bureau waren gut beraten, einer harmonischen und wohlbedachten Einführung den Vorzug zu geben. So wurde im November 1994 anläßlich der Bureau-Sitzung in Wien beschlossen, daß zwar grundsätzlich dem Wunsch von Herrn Samaranch Rechnung getragen werden, die Einführung der Kür jedoch erst im Jahr 2000 in Sydney erfolgen sollte. Es bliebe reichlich Zeit, das Wettkampfprocedere und die Ausscheidungskriterien an die neuen Anforderungen anzupassen.

Wie schnell selbst Bureau-Beschlüsse null und nichtig werden können, erfuhr man 14 Tage später, als in Berlin anläßlich des

Die Kür wird in Atlanta zumindest eine Teilprüfung für die Einzelwertung darstellen.

CHI der gesamte Beschluß wieder verworfen wurde. Die Kür wird also in Atlanta zumindest eine Teilprüfung für die Einzelwertung darstellen. Das bedeutet, daß es einen Wettbewerb mehr geben wird. Bei dem ohnehin terminlich sehr engen Veranstaltungsablauf wird den betroffenen Pferden maximal 72 Stunden Zeit gewährt, sich von den Strapazen des Grand Prix Special zu erholen.

Die oft als athletisch-spielerischer Wettbewerb angesehene Dressurprüfung erfordert sportphysiologisch ein voll austrainiertes Pferd. Nicht nur der Olympiasieger von Barcelona – »Rembrandt Borbet« –, sondern auch viele andere Teilnehmer brauchten drei bis vier Stunden nach der Prüfung, bis sie die Ruhewerte (Herz- und Atemfrequenz, innere Körpertemperatur) wieder erreicht hatten. Schließlich dauert die Prüfung mit dem vorangehenden Abreiten mindestens ein Stunde. Bei Problempferden wie dem unvergeßlichen »Granat« von Christine Stückelberger muß das Pferd vor der Prüfung mehrere Stunden bewegt werden, um es für die eigentliche Prüfung »gefügig« zu haben. Diese Fragestellung genießt einen großen Stellenwert in der Dressur, denn die Kondition der Pferde wird mit eskalierender Bewegungsintensität immer stärker.

Die FEI hat sich niemals zuvor solche Gedanken gemacht, wie ein Reglement modifiziert werden kann, ohne den Charakter einer Militaryprüfung einzubüßen, wie im Vorfeld von Atlanta. Die logische Konsequenz des »Heat-and-Humidity-Forschungsobjekts« und der Versuchsmilitary im August 1994 in Atlanta hatten das erklärte Ziel, die Anforderungen zu reduzieren. Der Dressursport legt mit der zusätzlichen Kür noch eins drauf. Das steht im krassen Gegensatz zu tiermedizinischen Erkenntnissen (übrigens von meiner Seite mehrfach den über des Regelwerk entscheidenden Personen vorgetragen) und vielen Verlautbarungen im Reglement und im »Code of Conduct«, die beide das Wohlergehen des Pferdes an oberste Stelle rücken. Hier wird ein böser Kompromiß auf dem Rücken der Pferde ausgetragen. Ich vermisse eine diesbezügliche Aufklärung an die Adresse von Herrn Samaranch von seiten des verantwortlichen technischen Ausschusses.

Hier wird ein böser Kompromiß auf dem Rücken der Pferde ausgetragen.

Die erfolgreichste Dressurnation seit vielen Jahren ist Deutschland. Die Gründe dafür sind vielschichtig. Zunächst können wir bedingt durch unsere bodenständige Pferdezucht sozusagen »aus dem vollen« schöpfen, das heißt wir benötigen keine ausländischen Pferde. Andererseits genießt der deutsche Dressursport nicht von ungefähr den Ruf, über exzellente

Ausbilder zu verfügen. Darüber hinaus hat sich die klischeehafte Denkweise, daß es sich hier um einen Altherrensport handelt, gänzlich gewandelt. Frauen scheinen in vielen Fällen über mehr Einfühlungsvermögen, gepaart mit dem notwendigen Ehrgeiz, zu verfügen. Beharrlichkeit und Flexibilität schreibt man der jungen Damengeneration ebenfalls zu.

Ich habe sehr oft das Training von Nicole Uphoff beobachtet. Wie sie die Probleme eines Pferdes mit Hilfe einer achtwöchigen Doppellongenarbeit löste, ist mehr als ein Prädikat für Ausdauer und Zielstrebigkeit. Viele andere Reiter hätten schon lange vorher aufgegeben. Die Rekonvaleszenz von »Rembrandt Borbet« ist ein weiteres Beispiel. Hier haben mehrere Komponenten zum erfolgreichen Comeback des Pferdes nach seiner Tibiafraktur beigetragen. Sicherlich stellte die Operation den ersten entscheidenden Schritt nach dem Unfall dar, aber die stundenlange, über Monate durchgeführte Schrittarbeit im Warendorfer Wald von Nicole Uphoff war der zweite wesentliche Faktor. Der dritte Punkt liegt im Pferd selber. Wie ein Mensch schien »Rembrandt Borbet« alle Anordnungen, Weisungen und therapeutischen Maßnahmen zu verstehen und umzusetzen. Für widerspenstige Pferde, die, wie wir Tierärzte sagen, »nicht mitmachen«, bestehen weitaus weniger Erfolgschancen. Es ist sogar möglich, daß »Rembrandt Borbet« im Alter von 19 Jahren an seinen dritten Olympischen Spielen teilnehmen kann – eine wohl einmalige Konstellation im Pferdesport. Auch wenn er für keine Einzelmedaille mehr gut wäre, könnte er für die Mannschaft immer noch als wesentlicher Punkter beitragen. Meiner Meinung nach kann er sogar noch einmal eine Einzelmedaille gewinnen, denn seine Physis und seine Gelenke zeigen bis heute keinerlei Verschleißerscheinungen. Und bis heute haben Reiterin, Trainer und Tierarzt alle das Gefühl: Der will! Wie »Rembrandt Borbet« allerdings mit der Küralternative zurechtkommen wird, weiß keiner, denn er ist noch nie eine Kür gegangen.

Nach und nach, spätestens seit den Welt-Reiter-Spielen in Den Haag, hat sich unser westliches Nachbarland Holland nach vorne geschoben. Erstmals seit vielen Jahren mußte der letzte deutsche Teilnehmer in der Mannschaftswertung, Isabel Werth, im Punktekontingent bleiben, damit die Mannschafts-Goldmedaille in deutscher Hand blieb. Anky von Grunsveen verfügt mit »Bonfire» über ein Pferd mit allen Möglichkeiten. Dem Paar gehört mit Sicherheit die Zukunft. Auch wenn es

Frauen scheinen in vielen Fällen über mehr Einfühlungsvermögen, gepaart mit dem notwendigen Ehrgeiz, zu verfügen.

Auch wenn es uns Deutschen etwas wehtun mag, für den Sport kann eine Wachablösung nur gut sein.

uns Deutschen etwas wehtun mag, für den Sport kann eine Wachablösung nur gut sein. Seltsamerweise neidet man in der Dressur einer erfolgreichen Nation viel mehr die Medaillen, zumal wenn drei Deutsche auf dem Podest stehen. In anderen Sportarten glaube ich zu beobachten, daß diese Eifersucht nicht existiert.

Militarysport

Die Augen der Olympischen Programm-Kommission richten sich immer gezielter auf diese Disziplin. Aber nicht nur von dieser Seite steht der Militarysport unter Druck.

Das Jahr 1992 muß man als schwarzes Jahr bezeichnen. Zunächst gab es in Badminton drei fatale Stürze mit Todesfolge für die Pferde, dann zeigte die nationale Fernsehstation NBC in den USA mehrere Serienstürze auf der Olympiade in Barcelona (wobei einige Stürze gar nicht in Barcelona statt-

Das statistische Ergebnis einer Olympiade war niemals so positiv wie in Barcelona.

fanden). Jedoch war das statistische Ergebnis einer Olympiade niemals so positiv wie gerade in Barcelona. Alle 18 Teams beendeten die Geländestrecke, von 82 gestarteten Reitern kamen 72 ins Ziel. Die beiden Zwischenfälle – ein russisches Pferd stürzte aus Erschöpfung und ein amerikanisches wurde »bis auf den letzten Tropfen Benzin« ausgeritten, so daß wir allesamt am Ende der Geländestrecke Mühe hatten, es auf den Beinen zu halten – können ohne weiteres als individuelle Fehler eingestuft werden. Beide Pferde haben überlebt und sind bei bester Gesundheit – auch ein Erfolg intensiver und spontaner tierärztlicher Kunst.

Diese auffälligen Ereignisse waren eher hausgemacht, das heißt von verantwortungslosen Reitern verursacht, als organisationsbedingt. Genau hier ist die Gunst der Stunde von seiten der FEI und des Veranstalters nicht genutzt worden, denn der insgesamt positive Ablauf des Geländetages hätte durch eine entsprechende Pressemitteilung unterstrichen werden müssen, zumal der Militarysport vor allem auch am Fehlen einer positiven Berichterstattung krankt. Prof. Dr. Leo Jeffcott, der für die Military verantwortliche Tierarzt, und ich hatten vor, nach dem Geländetag dieses Ergebnis auf der anschließenden Pressekonferenz, zu der wir eingeladen waren, zufrieden kundzutun, aber man wollte uns gar nicht hören. Der Rummel um das russische Pferd war viel wichtiger. Da wir keine Gelegenheit hatten, über den Zustand des Pferdes zu berichten, bekam die FEI prompt die Quittung. Am darauffolgenden Tag war in einer skandinavischen Tageszeitung zu lesen, daß zwei Pferde wegen Erschöpfung gestorben seien. Wie sollte die FEI jetzt reagieren und diese Meldung korrigieren? Das wäre natürlich möglich gewesen, jedoch von keinem gelesen worden.

Dieser Vorfall hat jedoch immer noch nicht zu der Erkenntnis geführt, daß nach einem Unfall die sofortige und schonungslose Offenlegung des Geschehens die Sache immer in besserem Licht erscheinen läßt als Journalisten-Spekulationen. Es läßt sich doch heute nichts mehr verheimlichen.

Es läßt sich heute nichts mehr verheimlichen.

Ebenfalls 1992 wurde ein Pferd – »Mr. Brooks« – im Breeders Cup mit gebrochenem Bein minutenlang im Fernsehen gezeigt, und last not least wurde der Taxis-Graben in Pardubitz mit seinen verheerenden Sturzfolgen auch noch dem Militarysport untergeschoben.

Zusätzlich erschien in der größten amerikanischen Sportzeitung »Sports Illustrated« ein Bericht über eine Serie von Versicherungsbetrügern, die, um an Versicherungsgelder zu gelangen, einen professionellen Pferdekiller engagiert hatten. Immerhin waren 28 Personen aus dem engeren Pferdesportbereich in die Angelegenheit verwickelt. Der Veteran Barnie Ward sollte 35 Jahre ins Gefängnis gehen, und für den steinreichen George Lindeman jr. sollen zehn Jahre Gefängnis beantragt worden sein. Gegen seine Sperre durch die American Horse Show Association (AHSA) legte er Widerspruch ein. Der Streitwert belief sich auf 100 Millionen $! Da konnte der Verband nicht gegenhalten. Mittlerweile reitet George Lindeman wieder und will sich für die Pan American Games im März 1995 in Buenos Aires qualifizieren.

Das offizielle und weltweit verbreitete Organ der Weltgesellschaft des Tierschutzes »Animals International« brachte im gleichen Jahr im selben Heft einen Bildbericht über verschiedenste Formen des Vergehens wider den Tierschutz:

○ totgeknüppelte Seehunde in der Arktis,
○ Bärenhetzjagd mit Bullterriern in Asien,
○ ein stürzendes Pferd bei der Military in Barcelona.

Der Kommentar zu letzterem Vorfall lautete: »Military-Greuel bei den Olympischen Spielen«, und weiterhin: »Pferde kollabierten aus Erschöpfung«, und: »zahlreiche Pferde wurden wegen Überforderung zurückgezogen oder eliminiert«. Alle diese Vorkommnisse – mögen sie auch 1992 durch eine unglückliche Fügung überdurchschnittlich häufig aufgetreten sein – haben den Militarysport sehr stark belastet.

Der Military-
sport unter-
scheidet sich in
vielen Bereichen
völlig von
den anderen
Disziplinen.

Dabei unterscheidet sich dieser Sport in vielen Bereichen völlig von den anderen Disziplinen. Bei der Military herrscht – vielleicht auch wegen des erhöhten Risikos – eine ganz andere Verbindung zum Pferd. Große Prüfungen werden maximal viermal im Jahr geritten. Geld im Vergleich zum Springen oder gar zur Dressur spielt als Gewinngeld nur eine untergeordnete Rolle. Wer im Militarysport hinter die Kulissen schaut, merkt sofort, daß auch unter den Reitern Kameradschaft und Hilfsbereitschaft keine Fremdwörter sind.

Wer ein Pferd in einer Vier-Sterne-Prüfung (der höchste Schwierigkeitsgrad) vorstellen will, muß sich mindestens drei bis vier Stunden pro Tag mit ihm beschäftigen. Stundenlanges Schrittreiten, einerseits zur Schonung des Bewegungsapparates, andererseits zum organischen Training von Herz und Kreislauf, sind an der Tagesordnung. Wer sich so intensiv mit seinem Pferd auseinandersetzt, entwickelt zwangsläufig eine andere Beziehung zu ihm, als beispielsweise bei den amerikanischen Hunterprüfungen. Dabei setzt sich mancher Reiter im Training gar nicht aufs Pferd, reitet aber dann in einer Prüfung bis zu 20 Pferde.

Wo liegt der
Grund für die
Verdammung
des Military-
sports?

Wo liegt denn dann der Grund der Verdammung des Militarysports? Zum einen sehen Stürze an den festen Hindernissen immer schlimm aus. Die Kameramänner des Fernsehens und die Moderatoren zeigen das Ganze auch immer wieder in extremer Zeitlupeneinstellung. Das prägt sich ein. Darüber hinaus enden die Stürze häufig fatal. Doch auch wenn die Stürze mit Todesfolge statistisch gesehen nicht relevant zum Einzelstart und im Vergleich zum Steeple-Chase im Galopprennsport ohnehin weitaus geringer sind, bleiben sie den Zuschauern am besten in Erinnerung. Der Background dieses Sports wird praktisch nie gezeigt und auch nicht erklärt.

Natürlich gibt es ganz tolle Militaryreiter, so zum Beispiel Mark Todd aus Neuseeland. Ich habe ihn mehrfach in der Zwangspause erlebt. Sein Pferd kommt immer mit Herz- und Atemfrequenzwerten in die Zwangspause, die annähernd den Normwerten entsprechen. Dieser Reiter verfügt sicherlich über das viel zitierte »gewisse Gefühl«. Ein großer Teil der Militaryreiter sind jedoch »verkrachte« Spring- oder Dressurreiter. Grand-Prix-Pferde in diesen beiden Disziplinen sind für den Normalverbraucher nicht mehr käuflich. Sie kosten immer über eine Million DM. Dagegen sind erstklassige Militarypferde schon für unter 100 000 DM zu haben, womit der mögliche Käuferkreis schon etwas größer wird. Kritiker der Military geben immer vor, daß die Ausbildung dieser Reiter unzulänglich sei. Jeder durchschnittliche Reiter könne sich ein Militarypferd kaufen und relativ schnell nach oben reiten. Tatsächlich erscheinen jedes Jahr unbekannte Reiter in der Topszene.

Kritiker der Military geben immer vor, daß die Ausbildung der Reiter unzulänglich sei.

Das Pferd ist, wie in einem früheren Kapitel erwähnt, aufgrund seiner aeroben Kapazität in besonderem Maße geeignet, lange Strecken zu galoppieren. Die klimatische Entwicklung belastet jedoch auch Europa mit immer neuen Hitzewellen. Rein zufällig fand der Geländetag bei den Weltmeisterschaften in Stockholm 1990 und in Den Haag 1994 am heißesten Tag des Jahres statt. Da waren die Verhältnisse im 700 m ü. d. M. gelegenen El Montanya bei den Olympischen Spielen in Barcelona noch moderat. Die stärkste Hitzebelastung ist in Atlanta zu erwarten, wobei Sonneneinstrahlung und Luftfeuchtigkeit das Schlimmste befürchten lassen. Daran ändern auch von der FEI initiierte (500 000 $) Forschungen nichts.

Die stärkste Hitzebelastung ist in Atlanta zu erwarten.

Nachfolgend ein Auszug aus der Presseveröffentlichung der FEI nach dem Beschluß des Bureaus im November 1994. Die Aufgabenstellung der Militaryprüfung ist aufgrund der zu erwartenden heißen und feuchten Witterung wesentlich reduziert worden. Diese Ergebnisse beruhen auf dem aufwendigen Forschungsprojekt »Heat and Humidity Research«, der Testmilitary im August 1993, auf den Erfahrungen von Stockholm, Barcelona und Den Haag und letztlich auf den weltweiten sportwissenschaftlichen Erfahrungen der vergangenen Jahre.

Folgende Maßnahmen wurden für Atlanta von seiten der FEI beschlossen:

1. Akklimatisierung

Es wird eine Akklimatisierungszeit von drei Wochen vor Ort empfohlen. Eine Woche soll die Folgen des Transports kompensieren. (Der Gewichtsverlust kann tatsächlich durch Streß, Wasser- und Elektrolytverluste 40 kg betragen.) Zwei Wochen ermöglichen ein aufbauendes Training bis zum Konditionshöhepunkt.

2. Modifikationen zum Geländetag

a) Zeitpunkt

Die Prüfung soll so früh als möglich beginnen, um die Einwirkungen von Hitze und Sonnenbestrahlung zu reduzieren. Die Prüfung wird zwischen 7 Uhr und 11.50 Uhr ausgetragen. Der früher als wichtiges Kriterium herangezogene Klimafaktor (Addition von Temperatur in Fahrenheit + relative Luftfeuchtigkeit) hat sich als nicht verläßlich erwiesen. Sonneneinstrahlung und Temperatur belasten das Wohlbefinden der Pferde erheblich. Aus diesem Grund wurde der Vormittag empfohlen.

Klimafaktor

b) Phase A

Dieser Teil der Prüfung wird soweit wie möglich in der herkömmlichen Art beibehalten. Eine Distanz von 5000 m bei 220 m/min auf gutem Boden bei 70 bis 80 % im Schatten ist geplant.

c) Phase B

Bei der Steeple-Chase-Strecke (Rennbahn) erfolgt die höchste Rate an Hitzeproduktion des Pferdekörpers (i.e.>250 kJ/min). Deswegen ist die Strecke auf 2760 m mit sieben bis acht Sprüngen verkürzt worden. Es werden etwa 20 % Reduzierung der Werte wie in Den Haag erwartet. Die Körpertemperatur soll am Ende der Phase B nicht höher als 39,5° C sein.

Hitzeproduktion

d) Phase C

Diese Phase stellt einen wesentlichen Teil des Geländetages dar. Bei den im bestehenden Reglement geforderten 11 000 m kann sich ein Pferd bei heißer und feuchter Witterung nicht erholen. Deshalb wurde die Strecke auf 7700 m gekürzt unter Beibehaltung von 200 m/min. 70 bis 80 % sollen hier ebenfalls im Schatten sein. Die Gesamtzeit wird somit 45 Minuten betragen.

Abkühlungs-Halt

Nach 5 Minuten der zweiten Wegstrecke wird ein obligatorischer Halt von 10 Minuten eingerichtet. Wasser, Eis und Ventilatoren sollen für eine effektive Abkühlung nach der Rennbahn sorgen. Diese Maßnahme soll auch Flüssigkeitsverlusten vorbeugen.

e) Zwangspause

Die Zwangspause wird von 10 auf 15 Minuten verlängert. Damit besteht genügend Zeit für das Herunterkühlen und für zusätzliche Veterinärkontrollen, die dokumentarisch festgehalten werden.

f) Phase D

Nur in gutem Zustand befindliche Pferde dürfen in die Phase D gelassen werden, die 6270 m lang und bei 570 m/min. Galopp etwa in 11 Minuten bewältigt sein wird. Dabei müssen 35 bis 38 Hindernisse überwunden werden.

Weitere Einschränkungen und Reduzierungen können je nach Klimalage vor Ort vorgenommen werden. Diese Freiheit muß gegeben sein, denn trotz sorgfältigster Planung kann die extreme Witterung unter Umständen noch extremer werden.

Weitere Einschränkungen und Reduzierungen können je nach Klimalage vor Ort vorgenommen werden.

Olympische Military 1996

Phase	Länge (m)	Tempo (m/min)	Zeit (min)	Sprünge
A	ca. 5000	220	ca. 23	—
B	2760	690	4	7/8
C	ca. 7700	220	45 (inkl. Stop)	—
Zwangs-pause	—	—	15	—
D	ca. 6270	570	ca. 11	35/46
Total:	ca. 21 730	—	ca. 108	35/54

Natürlich sind die Anforderungen generell nach unten geschraubt worden. Aber ein einziger siegeshungriger Reiter kann die gesamte sorgfältige Vorbereitung über den Haufen werfen, wenn er nicht merkt, daß sein Pferd »kein Benzin mehr hat«.
Der FEI mag man den Vorwurf machen, warum sie überhaupt Military-Veranstaltungen zuläßt, wenn die Witterungsbedin-

Ein einziger siegeshungriger Reiter kann die gesamte sorgfältige Vorbereitung über den Haufen werfen.

*Die FEI
kann alle
Championate
in ihrem
Zuständig-
keitsbereich
gezielt vergeben,
allein auf
den Ort einer
Olympiade hat
sie keinerlei
Einfluß.*

*Die Spiele in
Atlanta werden
als »Coca-Cola-
Spiele« in
die Geschichte
eingehen.*

*Die Risiko-
gruppen stellen
meistens die
reitsportlich
schwächeren
Nationen dar.*

gungen dafür nachweislich ungeeignet sind. Nun – die FEI kann alle Championate in ihrem Zuständigkeitsbereich gezielt vergeben, allein auf den Ort einer Olympiade hat sie keinerlei Einfluß. Mir kann allerdings niemand erzählen, daß es das erklärte Ziel eines Langstrecken- oder Marathonläufers ist, bei 37° C und 70 % relativer Luftfeuchtigkeit seinen Sport auszuüben. In Atlanta wäre alles zwei Monate später einfacher. Aber dann spielt ja die American-Football- und Baseball-Liga wieder, deren Unterhaltungswert viele Amerikaner eher vor den Bildschirm lockt als die Olympiade. Auch sollte die Olympiade in einem Zeitraum in Atlanta stattfinden, in dem die Studentenwohnungen frei sind, was zusätzliche Wohnräume schafft. Die Semesterferien fallen in die heißeste Jahreszeit. Coca Cola wird den Termin schon für den für die Firma am günstigsten erscheinenden Zeitpunkt vorgeschlagen haben. Die Spiele werden ohnehin als »Coca-Cola-Spiele« in die Geschichte eingehen.

Die Military kann nur unbeschadet davonkommen, wenn alle Reiter immer wieder und nachhaltig darauf hingewiesen werden, daß sie einfach anhalten, wenn sie das Gefühl haben, daß das Pferd nicht in Ordnung ist. (Jean Paul: »Wer nicht zuweilen zu viel und zu weich empfindet, der empfindet gewiß immer zu wenig.«) Das ist aber einfacher gesagt als getan. Der Adrenalinspiegel der Teilnehmer ist eben nicht vorab meßbar, und manch einer hat im Rausch der sportlichen Herausforderung schon seinen Verstand verloren. Besonders nach Stürzen scheint mancher Reiter keine Gewalt mehr über seine Ratio zu haben. Es müssen sorgfältig im Gelände verteilte, fachlich hochqualifizierte Posten mit direkter Exekutivgewalt eingerichtet werden, die bei geringstem Verdacht der Erschöpfung Reiter und Pferd anhalten können. Sonst nützt aller Forschungs- und Vorbereitungsaufwand nichts.

Den Haag hat gezeigt, daß trotz vermeintlich ausreichend vorhandener Kommunikationsmöglichkeiten ein effektives Zugreifen der Jury aus der sogenannten Jurybox heraus zum Scheitern verurteilt war. Ein auf sein Pferd einschlagender Reiter sollte sofort disqualifiziert werden. Es war aber in Den Haag nicht möglich, diese Botschaft von der Jury an den zuständigen Hindernisrichter weiterzuleiten. Das darf in Atlanta nicht mehr vorkommen. Die Risikogruppen stellen meistens die reitsportlich schwächeren Nationen dar; sie bedürfen einer gesonderten Überwachung.

Auch auf die Gefahr hin, daß ich mir noch einmal den Mund verbrenne, möchte ich zum bekannten süddeutschen Military-

Ausrichtungsort in Deuschland – Achselschwang – Stellung nehmen. Immerhin wurden hier 1993 die Europameisterschaften ausgerichtet; zugegebenermaßen unter sehr widrigen Witterungsbedingungen, wofür der Veranstalter natürlich nichts kann. Es hatte tagelang geregnet, und der Boden war alles andere als für die Ausrichtung einer Europameisterschaft geeignet. Nicht einmal das für 25 000 Autos ausgelegte Parkgelände konnte befahren werden, denn kein Fahrzeug hätte mit eigener Kraft den Parkplatz verlassen können.

Achselschwang hängt ein bißchen der Ruf des unglücklichen Ausrichters an. Der engagierte Veranstalter legt Wert darauf, mit dem norddeutschen Turnierplatz Luhmühlen gleichrangig zu sein. Das gewachsene Veranstalterteam, die reizvolle oberbayrische Umgebung und nicht zuletzt die familiäre Atmosphäre sind Garanten für eine ordentliche Turniervorbereitung. Auch wenn man der Landschaft einen zu hügeligen Charakter unterstellt, kann dieser Nachteil durch geschickte Linienführung ausgeglichen werden. Die Traditionsstätte Burghley in England, der Ausrichtungsort einer Vier-Sterne-Military, weist jedenfalls nicht viel weniger Hügel auf als Achselschwang.

Achselschwang hängt ein bißchen der Ruf des unglücklichen Ausrichters an.

Einige Pferde haben hier bereits ihr Leben gelassen. Nachdem auf dem CCI*** 1994 erneut ein Pferd zu Tode kam und von 52 Startern nur 23 das Springen beendeten, sah ich mich veranlaßt, eine Analyse zu erstellen und vor allem auch danach zu fragen, warum fünf russische Pferde, die offensichtlich aus mehreren Gründen überfordert schienen, überhaupt an den Start gehen konnten. Vierzehn Pferde kamen gar nicht bis zur Cross-Country-Strecke, zehn Pferde stürzten, es gab insgesamt 36 Verweigerungen. In der sachlichen Ergebnisanalyse des Aufbauers wurden »etlichen Pferden« Konditionsmängel unterstellt, einigen Reitern hätte die Routine und Reitfertigkeit gefehlt, andere wiederum hätten die Bodenverhältnisse nicht richtig eingeschätzt. Es wird auch eingeräumt, daß der Öffentlichkeit nicht rechtzeitig in der gebotenen Form Ergebnisanalysen zur Verfügung gestellt wurden. Dem kann ich nur zustimmen. Das oben erwähnte Pferd sei an einem Genickbruch verendet, wurde in der Pressekonferenz mitgeteilt. Bei der in der Universität München durchgeführten Sektion hat man später als Todesursache Herz- und Kreislaufversagen festgestellt.

Einigen Reitern hätte die Routine und Reitfertigkeit gefehlt.

Die Tierschützer traten 1994 in Achselschwang (der Name ist übrigens für Anglo-Amerikaner fast nicht auszusprechen – ich habe die tollsten phonetischen Kunstprodukte gehört) in der Nacht vor dem Geländetag in Aktion und demontierten an einigen Schlüsselpositionen die Hindernisse. Die Rekonstruktionen gelangen aber rechtzeitig, so daß die Cross-Strecke noch rechtzeitig wiederhergestellt werden konnte.

Mein sachliches Anliegen, von seiten der FEI analytische Unterlagen zu erhalten, landete natürlich prompt von dort aus auf dem Tisch des Organisators. Mein Analysebedürfnis wurde sehr emotionell gesehen. Man unterstellte mir, ich wolle »den Vielseitigkeitssport im allgemeinen und den Platz Achselschwang im besonderen zunichte machen«. Es ist traurig, daß auf objektive und konstruktive Kritik im »style larmoyante« geantwortet wird und der unbequeme Frager sich dann noch vorhalten lassen muß, daß er den Sport ruinieren wolle. Der Sport wird zunichte gemacht, wenn nicht ausreichend qualifizierte Reiter an den Start kommen, wenn diese nicht über die in der entsprechenden Kategorie geforderte Reitfertigkeit und Routine verfügen. Das sogenannte »Certificate of capability« (der obligatorische Befähigungsnachweis) muß bei der Nennung bereits überprüft werden, der Technische Delegierte vor Ort ist völlig überfordert, diesen Nachweis kurzfristig zu überprüfen. Die Russen waren angeblich die 5000 km bis Achselschwang nur gefahren, um ihre Pferde zu verkaufen.

Von der Jury verlange ich die Bereitschaft zur Flexibilität, das heißt sie muß angemessen unbürokratisch und unverzüglich auf veränderte Klima- und Bodenverhältnisse reagieren können, aber auch die Qualitäten und den Fitneßzustand der teilnehmenden Reiter und Pferde noch intensiver beurteilen. »Hardlinertum« ist nicht geeignet, konstruktiv zum Gelingen einer Veranstaltung beizutragen. Der Aufbauer muß akzeptable Alternativen zur Verfügung stellen, die deutlich leichter sind, aber nicht unbedingt als Alternative im Sinne von Niederlage gesehen werden. Alternativreiter dürfen keinesfalls als »Memmen« oder »Angsthasen« angesehen werden, die Alternative muß demzufolge sozial aufgewertet werden. Kommunikationsmittel und Elektronik müssen im Vorfeld so programmiert sein, daß es mit geringem Aufwand möglich ist, Strecken zu verkürzen oder Hindernisse auszulassen. Nur wenn die Gesamtheit dieser Argumente beachtet wird, hat der Militarysport die Möglichkeit, langfristig zu überleben, ohne auf permanente Repressalien von außen eingehen zu müssen. Ein Organisator wie Achselschwang kann noch so bemüht sein, die Basis für ein Gelingen einer Veranstaltung zu bieten,

Es ist traurig, daß auf objektive und konstruktive Kritik im »style larmoyante« geantwortet wird.

»Hardlinertum« ist nicht geeignet, konstruktiv zum Gelingen einer Veranstaltung beizutragen.

72

wenn die Jury sich nicht traut, durchzugreifen oder zunächst unpopulär erscheinende Entscheidungen zu treffen. Den Mut zu haben, auch bei bekannten Namen keine Zugeständnisse zu machen, erfordert Zivilcourage, hat sich aber immer noch als die beste Alternative erwiesen. Auch die Jury bedarf dieser Aufmunterung, an sich zu arbeiten.

Das Turnier in Achselschwang hat mit der Problematik zu kämpfen, daß es seine Türen zum Osten und Süden geöffnet hält. Das ist anerkennenswert, denn den Ländern wie Ungarn, Slowakei, Tschechien, Polen und Rußland werden sonst nur wenige Startmöglichkeiten eingeräumt, aber auch Italien, Österreich, Schweiz und Frankreich sind als Teilnehmerländer gerne gesehen. Der späte Zeitpunkt im Jahr ist nicht geeignet, die Spitzenreiter, die in der Regel nur über ein Spitzenpferd verfügen, an den Start zu bringen. Die Championate sind zu dieser Jahreszeit auch schon gelaufen und viele Pferde bereits abtrainiert. Mit dieser Problematik hat Achselschwang zu kämpfen. Und daß Achselschwang eine Abmachung mit dem Wettergott hat, kann man nicht gerade behaupten.

Mein Berufsstand muß sich seit langer Zeit mit einem wunden Punkt auseinandersetzen. Objektiv sind die Tierärzte für die Gesundheit und das Wohlbefinden der Pferde verantwortlich. So will es das Veterinärreglement. Bei der Verfassungsprüfung, die ein Tierarzt neben den Mitgliedern der Jury durchführen muß, sind Kompetenz und Zivilcourage gefragt. Sollte es zu unterschiedlichen Auffassungen über die Bewertung der Fitneß des Pferdes kommen, muß einer die entscheidende Stimme haben. Nach dem bestehenden Reglement ist das die Jury und nicht der Tierarzt. Anstrengungen, diese nach Auffassung der Tierärzteschaft widersinnige Regelung zu ändern, sind bisher immer an der Hartnäckigkeit der zuständigen Technischen Komitees gescheitert, obwohl eigentlich nur objektive Gründe für den Tierarzt als Entscheidungshelfer sprechen.

Der Tierarzt ist von Berufs wegen der potentielle Tierschützer. Außerdem ist er der Experte, der sich in seinem Berufsleben täglich mit der Beurteilung von Fitneß und Lahmheiten auseinandersetzt. Dieser Fachmann soll dann, weil ein Reglement es so will, plötzlich durch einen »Laien« überstimmt werden können? Ich bin bei einer Verfassungsprüfung auch schon einmal überstimmt worden. Die Reaktion danach war sehr lebhaft. Natürlich gibt es Jury-Mitglieder, denen diese Fragestellung überhaupt keine Probleme bereitet, und natürlich gibt es auch Tierärzte, denen vielleicht der nötige Sachverstand fehlt. Doch wir haben es hier mit einer grundsätzlichen Frage zu tun. So lange ich Chairman der Veterinärkommission bin, muß sich das FEI-Bureau auf mein permanentes Vorbringen dieser Fragestellung gefaßt machen.

Nach dem unglücklichen, im Fernsehen gezeigten Beinbuch von »Mr. Brooks« im Breeder's Cup 1993 in Florida reagierten die Medienvertreter in den USA spontan. Seitdem wurde eine sogenannte On-Line-Schaltung eingerichtet, bei der einerseits ein qualifizierter Tierarzt zum Geschehen aus seiner Sicht während des Rennens Stellung beziehen kann; andererseits besteht sozusagen eine »Hotline«, über die der Tierarzt direkt von interessierten Personen angerufen werden kann. Dieses Beispiel sollte Schule machen.

Das Military-Reglement ist nur für Insider verständlich.

Das Military-Reglement ist nur für Insider verständlich. Selbst viele Kenner des Springsports haben Mühe zu begreifen, daß man für einen Springfehler am Schluß Abzüge bekommt. Dieses System bedarf dringend der Revision, um es auch für Laien verständlicher und transparenter zu machen. Es ist auch fragwürdig, ob wirklich erst nach dem zweiten Sturz aufgegeben werden sollte. Wie viele katastrophale Stürze sind nach bereits im Vorfeld geschehenen Stürzen passiert?! Ein einmal gestürzter Reiter punktet ohnehin kaum mehr für seine Mannschaft.

Den nationalen Gremien Sachunkenntnis zu unterstellen, wäre falsch. Es wird unglaublich stark im Hintergrund gearbeitet. So muß auch die Broschüre »VIELSEITIGKEIT – Ein Triathlon für Pferde« vom 24. 10. 1994 verstanden werden. Es handelt sich um eine sachliche Information über die Geschichte des Militarysports (früher waren fast ausschließlich Soldaten involviert). Die erste »Military International« fand 1905 in Brüssel statt, und seit 1924 wird die Military in etwa so geritten, wie man sie heute praktiziert. Dr. Reiner Klimke kommentiert 1988 im Vorwort von Heinz Opels Buch »Vielseitigkeitsreiten«:

Wir brauchen die Military-prüfung heute mehr als je zuvor.

»Die Military hat sich von ihrem Ursprung als große Gebrauchsprüfung für das Pferd des Soldaten zur olympischen Vielseitigkeitsprüfung fortentwickelt. Ihre Daseinsberechtigung hat darunter nicht gelitten. Im Gegenteil: Wir brauchen diese Prüfung heute mehr als zuvor. Bei aller gebotenen Schonung des Pferdes ist für die Zuchtauslese die robuste Gesundheit ein unverzichtbares Merkmal. Wir dürfen die naturgegebenen Eigenschaften der Pferde wie Härte, Kampf-

geist, Bewegungsfreude und Mut nicht noch weiter degenerieren lassen. Die Military hilft mit, uns davor zu bewahren.«
Das Prinzip ist richtig, wenn die Kreatur in der ihr angemessenen Form geachtet wird. Warum wird diese Broschüre, die tatsächlich sachlich unter Beachtung der Gefahren des Sports über seine Faszination berichtet, nicht einem breiteren Publikum zugänglich gemacht? PR-Arbeit ist eine Verpflichtung, die besonders auffällt, wenn sie nicht praktiziert wird.

Ponysport

Der Ponysport ist nach der ersten Kontaktaufnahme durch die Führzügelklasse und das Voltigieren in der Regel die dritte Station des Kindes zum Leistungssport. Wenn auch die ersten Schritte das Kind spielerisch zum Pferd führen, ändert sich die Situation, wenn der Ehrgeiz der Eltern zu dominieren beginnt. Das kann schon in der Führzügelklasse passieren, spätestens aber dann, wenn das Ponysportpferd angekauft werden soll. Ein Spitzenpony, das internationale Klasse darstellt, kostet über 250 000 DM, und da scheiden sich schon bald die Geister.

Ein Spitzenpony kostet über 250 000 DM.

Das Hauptproblem ist die Größe, die auf 149 cm mit Eisen und 148 cm Widerristhöhe ohne Eisen beschränkt ist. Natürlich gibt es Ponys, deren Widerristmaß genau im Grenzbereich oder gerade darüber liegt. Das Pony muß offiziell vermessen werden, wenn es an Ponyturnieren teilnehmen will. Was hier an Manipulationen vollführt wird, ist einfach unglaublich. Vom Kürzen der Hufe bis auf die hochsensibel innervierte Huflederhaut bis zum operativen »Absägen« des Widerrists, um innerhalb des Ponymaßes zu bleiben, schreckt man vor nichts zurück.

Der Ponysport befindet sich eindeutig immer noch in einer Aufschwungphase. Den Vorstufencharakter, um Kinder in den Sport mit Großpferden einsteigen zu lassen, hat er fast wieder verloren. Der Ponysport ist bereits als eigenständig zu betrachten. Auch die FEI hat ein Subkomitee für ihn etabliert, ohne die Ponys bei den einzelnen Disziplinen unterzubringen; der Ponysport ist somit autark. Ein Kind oder Heranwachsender fühlt sich allein schon wegen des Größenverhältnisses eher zum Pony hingezogen als zum Großpferd.

Das Alter des Reiters ist in Deutschland landesbedingt unterschiedlich geregelt. In einigen Ländern können Jugendliche bis zum 18. Lebensjahr auf Ponys reiten. Wichtig ist jedoch, daß Reiter und Pony zusammenpassen und der Reiter oder die Reiterin nicht »über das Pony hinauswächst«. Viele Veranstalter haben in den letzten Jahren Ponyprüfungen in ihr Programm aufgenommen, denn die Jugendlichen wollen sich im Leistungsvergleich unter gleichen Bedingungen mit anderen messen. Im Vergleich zu England und Irland stellt sich der Ponysport in Deutschland aber noch bescheiden dar. Seit 1978 gibt es sogar Pony-Europameisterschaften in allen Disziplinen, wobei Ponyfahren meistens von Erwachsenen betrieben wird. Es ist Aufgabe des Verbandes, vor allem aber auch der Eltern, das Spielerische beim Jugendlichen zu fördern und den sportlichen Ehrgeiz nicht über den Spaß zu stellen. Nur so kann der Ponysport in seiner Natürlichkeit erhalten bleiben.

Im Vergleich zu England und Irland stellt sich der Ponysport in Deutschland noch bescheiden dar.

Doping

Über dieses heikle Thema ist in einigen anderen Kapiteln von mir schon Stellung bezogen worden. Dennoch soll hier noch einmal ausführlich zur Gesamtproblematik argumentiert werden.

Wer vor 1988, dem Olympiajahr von Seoul, etwas über Doping in der Zeitung gelesen hat, hat es gierig aufgesogen. Derlei Nachrichten stellten eher eine Ausnahme dar. *Es ist das unrühmliche Verdienst von Ben Johnson, eine Medienexplosion ausgelöst zu haben.* Diese Explosion hat sich mittlerweile dahingehend entwickelt, daß kein Tag mehr vergeht, an dem keine Meldung über Doping zu lesen ist. Interessant ist auch die Verbreitung von Gerüchten.

Ich habe persönlich im Olympiastadion von Seoul zusammen mit meinen Mannschaftskameraden und dem Bundestrainer den 100-m-Endlauf verfolgen können. Es war bis heute der schnellste Lauf aller Zeiten, und uns hat es von den Sitzen gerissen. Wir spürten, daß wir Zeugen eines einzigartigen sporthistorischen Geschehens waren. Kaum 24 Stunden später kursierten schon im Olympischen Dorf die Gerüchte. Wir wollten es zunächst nicht wahrhaben, daß dieser Lauf manipuliert gewesen sein sollte. Nach weiteren 48 Stunden konnten wir aber im Fernsehen verfolgen, wie Ben Johnson unter einem Blitzlichtgewitter die Olympiastadt verlassen mußte. Unsere Enttäuschung war riesig.

Über Doping beim Pferd ist viel geschrieben worden. *Der Pferdesport unterscheidet sich sportsoziologisch nicht von anderen Sport- und Wettkampfarten.* Der Reiter/Fahrer will gewinnen, das ist Bestandteil des Wettbewerbs. Die Zeiten, in denen für einen Lorbeerkranz geritten wurde, sind vorbei. Vielen Menschen ist aber nicht klar, daß Doping nicht ein ausschließliches Sportphänomen ist. Im weitesten Sinne ist bereits bei Adam und Eva der erste Dopingfall zu sehen, da der Genuß des Apfels sie gottähnlich gemacht hätte. Mit Leistungssteigerungen werden wir schon im Kindesalter vertraut gemacht: Walt Disneys Figur »Popeye« wird nach dem Spinat-genuß mit unglaublichen Kräften versehen. Ist es da zu ver-denken, daß in einem Sport, in dem Reitpferde über 500 000 DM pro Jahr verdienen können, der Japan-Cup mit über 2 Millionen DM für den Sieger dotiert ist und ein Traber in seiner aktiven Laufbahn über 3 Millionen DM einbringen kann, die Neigung zur unlauteren Leistungssteigerung be-steht?

Es ist beschämend für eine wohlhabende Sportorganisation – das IOC –, daß es bis zum heutigen Tage noch nicht einmal gelungen ist, einheitliche und verbindliche Regelwerke für alle 27 olympischen Sportarten zu erstellen. Die Disziplinen Fuß-ball, Tennis und Radsport – zweifellos die medienträchtigsten Sportarten – wollen die in den Verbänden praktizierte Schein-welt auf das IOC projizieren, indem sie ihre Zustimmung zur Vereinheitlichung der Dopingregeln verweigern. Gelegentliche Dopingproben unterstützen zwar den Alibigedanken, aber eben nur den Gedanken. Eine effektive Dopingkontrolle exi-stiert nicht. Um so positiver ist Boris Beckers Stellungnahme einzuschätzen, der den Tennissport wegen seiner unzulängli-chen Dopingproben angeklagt hat, auch wenn er kurz nach Bekanntwerden seiner Meinung zurückgepfiffen wurde. Es hat den Anschein, daß die Verbände Dopingproben tatsäch-lich nur wegen des Drucks der Medien und der Öffentlichkeit durchführen. Es geht nicht um Doping – es geht oft nur um die Dosis. Das primäre Anliegen, Mißbrauch von Substanzen zu verbieten, zu kontrollieren und dann auch zu sanktionie-ren, besteht im Regelfall nicht. Das ist aus zwei Gründen ver-ständlich:

Gelegentliche Dopingproben unterstützen zwar den Alibi-gedanken, aber eben nur den Gedanken.

1. Erlaubte Substanzen Im Humansport ist die Liste der erlaubten Substanzen so großzügig gehalten, daß eigentlich nur Weckamine und Anabolika verboten sind. Alle NSAID's (nicht steroide Entzündungshemmer wie Aspirin, Tomanol etc.) sind grundsätzlich erlaubt. Das ist verwunderlich, weil sie einerseits entzündungshemmend wirken, andererseits aber einen mehr oder weniger stark ausgeprägten schmerzlindern-den Effekt haben, sie also den Schmerz aufheben und damit das klassische Signal Schmerz als Wettbewerbsverhinderer ausschließen. Das gleiche gilt für Lokalanästhetika. Diese vor-nehmlich zur Schmerzlinderung angewendeten Präparate dür-fen ohne Einschränkung gebraucht werden. Wir waren bei der Fußball-Weltmeisterschaft Augenzeuge der schmerzstillenden

Spritze bei Lothar Matthäus unmittelbar vor dem Spiel, und ich kann mich auch noch als Fernseh-Augenzeuge daran erin- nern, wie vor Seoul unserem Vorzeigeathleten (körperlich), dem Zehnkämpfer Jürgen Hingsen, vor laufender Kamera die Injektion verpaßt wurde. Wenn hier offen über gezielte Schmerzbefreiung gesprochen wird und wir das alles life mit- erleben dürfen, braucht man sich nicht zu wundern, wenn für Pferde gleiches postuliert wird.

2. Sportführung In den Verbänden existiert praktisch keine Gewaltenteilung. Die Vereinigung aller Gewalten in einer Hand läßt von der Grundidee her erkennen, wieso das System nicht funktionieren kann. Das wichtigste Vorzeigeobjekt eines Verbandes nach außen ist die Erfolgs- und Medaillenliste. Sie entscheidet über Sponsorenwürdigkeit, Medienträchtigkeit, aber auch über Zuwendungen des Bundesausschusses für Lei- stungssport (BAL). Liegt es da nicht nahe, daß verbandstech- nisch alles getan wird, um den Medaillenspiegel zu schönen? Der gleiche Verband kontrolliert aber auch den Doping- Mißbrauch. Das kann nicht der korrekte Weg sein. Allein vom Leistungssport völlig unabhängige Institutionen können eine annähernde Garantie bieten, daß die in den verschieden- sten Schubladen ruhenden Dopingfälle auf den Tisch kom- men. Ehrliche Bewegungen in dieser Richtung sind bisher wei- testgehend im Keim erstickt worden. In der Leichtathletik scheint mit der Beauftragung der »German Control« – einer völlig unabhängigen Einrichtung – zumindest der erste Schritt getan zu sein.

Zu Beginn der siebziger Jahre habe ich nach dem Tod eines Trabrennpferdes einen Dopingfall aufgedeckt. Ich war damals der Meinung, daß dieser Fall, bei dem durch die Applikation von verbotenen Substanzen eine fatale Leberzirrhose des Pfer- des entstanden war, den Verband wachrütteln würde. Ganz im Gegenteil: Positive Dopingfälle schaden dem Sport und sollen deswegen verschwiegen werden. Nachdem ein hellhöri- ger Journalist diese Angelegenheit aufgegriffen und in den Medien verbreitet hatte, war ich ab dem Zeitpunkt nicht mehr Tierarzt in diesem Rennstall. Der Rennverein distanzier- te sich ebenfalls nachhaltig von meiner Person.
Bei aller Scheinethik im humanen Leistungssport muß festge- stellt werden, daß zumindest in den der FEI untergeordneten Pferdesportdisziplinen ein sauberes Reglement existiert. Hier

besteht praktisch die Nullösung. Die Deutsche Reiterliche Vereinigung hat ihr Reglement jahrelang den internationalen Bestimmungen angepaßt. Nachdem die NOK-Bestimmung 1990 in Kraft trat, die besagt, daß gedopte Athleten nicht an Olympischen Spielen teilnehmen können, machte man sich in Warendorf Gedanken darüber, wie bei der Eskalation von Dopingfällen bis in die Elitekader Doping qualifiziert werden kann.

Seit Mai 1994 ist die »Lösung« gefunden. Man unterscheidet jetzt Doping mit Heilmitteln (99 % aller Dopingsubstanzen sind ihrem ursprünglichen Verwendungszweck nach Heilmittel) und anderen Substanzen. Der Begriff »Doping« soll ganz verschwinden. In der FEI ist bis auf einige Substanzen, die beispielsweise zufällig durch das Futter aufgenommen werden können, wobei Schwellenwerte festgelegt wurden, praktisch alles verboten. Und das kann auch in einem Sport, bei dem der Athlet Pferd über sein Wohlergehen nicht berichten und sich nicht gegen die Verabreichung einer Substanz wehren kann, nur richtig sein. Lokalanästhetika und Schmerzmittel (= Painkiller) sind grundsätzlich verboten. Auch wenn wir in der Pferdesportmedizin bei der Grundlagenforschung gern Anleihen beim Humansport machen, wäre es an der Zeit, daß sich das IOC, die nationalen Verbände und die Disziplinverbände am Beispiel der Dopingregeln im Pferdesport orientierten.

Das Institut für Biochemie in Köln mit seinem Nestor Prof. Dr. Manfred Donike gilt als eines der bestausgerüsteten Labors der Welt; auch das Know-how von Herrn Donike wird entsprechend gewürdigt. Wer seinen Job macht, muß mit Kritik und Angriffen der Betroffenen rechnen. Vielfach wird vergessen, daß das Institut nur »ausführendes Organ« ist. Die Sportgerichtsbarkeit wird von den Verbänden geregelt und nicht durch Herrn Donike. Er gibt die Ergebnisse heraus, und es liegt an den Verbänden, sie zu interpretieren und je nach Sachlage zu bestrafen. Daß seine Ergebnisse manchem Verband nicht »in den Kram passen«, hat auch schon zu Konsequenzen geführt. Deshalb hat sich der HVT von Donike gelöst und seine Dopingkontrollen selbst in die Hand genommen.

Anstrengungen von Frau Krabbe, gegen Herrn Donike gerichtlich vorzugehen, können nur milde belächelt werden. Die im Hause Donike durchgeführten Analysen und das Ergebnis waren eindeutig. An dieser Stelle soll nochmal hervorgehoben werden, daß positive Ergebnisse eines Labors, die

Wer seinen Job macht, muß mit Kritik und Angriffen der Betroffenen rechnen.

Anstrengungen von Frau Krabbe, gegen Herrn Donike gerichtlich vorzugehen, können nur milde belächelt werden.

in der Regel routinemäßig mittels der Gas-Chromatographie (GC) durchgeführt werden, *immer* von einem anderen unabhängigen Verfahren bestätigt werden müssen. Als Beweismittel dient die Massen-Spektometrie (MS). Erst wenn beide Verfahren positiv sind, erfolgt eine Benachrichtigung des Verbandes.

Es geht nicht nur um den Nachweis von Substanzen, wir leben schon lange im Zeitalter der Manipulation der Dopingprobe.

Es geht aber nicht nur um den Nachweis von Substanzen, wir leben schon lange im Zeitalter der Manipulation der Dopingprobe. Fremdurin war Bestandteil des ersten Krabbe-Falles. Auch im Pferdesport wurde schon vom Pfleger ins Glas uriniert, was durch den Nachweis zu hohen Koffeingehalts (Kaffeegenuß) auffiel. Der Nachweis, daß es sich um Humanurin handelte, konnte im Anschluß erbracht werden. Die Liste von Manipulationsversuchen ist lang; sie reicht vom Urinballon in der Hose bis zur eigenen Übertragung durch einen Katheter, was beim Mann im übrigen sehr schmerzhaft ist und weswegen Lokalanästhetika auf den Katheter gestrichen werden (die dann im Urin allerdings unmetabolisiert auftauchten).

Beeinflussungen der Leistung des Sportpferdes durch verbotene Substanzen können nicht global beurteilt werden.

Beeinflussungen der Leistung des Sportpferdes durch verbotene Substanzen können nicht global beurteilt werden. Ein Distanzrittpferd kann nicht mit einem Rennpferd verglichen werden. Für ein Dressurpferd könnten andere Beeinflussungskriterien gelten als für ein Fahrpferd. Wie fatal eine erlaubte Medikation sich entwickeln kann, ist bereits im Zusammenhang mit dem Nasenbluten beim Rennpferd besprochen worden. Es gilt als bewiesen, daß das Nasenbluten sowohl die Ausdauerfähigkeit (Stamina) beeinflußt als auch die Leistungsfähigkeit im letzten Drittel des Rennens reduziert.

In vielen Bundesländern der USA ist die Verabreichung von Furosemid (Lasix®) vier Stunden vor dem Rennen erlaubt. Offensichtlich bestehen bei den Sportbehörden keine Bedenken bezüglich des Einsatzes dieses blutdrucksenkenden Mittels. Durch Verhinderung des Nasenblutens werden durch dieses Präparat die Pferde wieder voll leistungsfähig. »Miss Alleged« – ein Pferd, das in Europa wegen der strengen Dopinggesetze und des Verbots der Anwendung von Furosemid ein ganzes

Von 91 Startern in sieben Rennen waren im Breeders Cup 72 Pferde medikamentös vorbehandelt worden.

Jahr nicht in Form kam und im Prix de l'Arc de Triomphe im Hinterfeld nasenblutend ins Ziel galoppierte – wurde wohl unter dem Dopingmittel Furosemid in Europa trainiert und dann unter dem Einfluß von Furosemid im Breeders Cup eingesetzt, wo sie auch prompt gewonnen hat und am Totalisator 431:10 zahlte. Klar, daß die Stute nicht mehr nach Europa zurückkehrte. Von 91 Startern in sieben Rennen waren an diesem Tag 72 Pferde medikamentös vorbehandelt worden.

Vor etwa 100 Jahren sagte der auch in England hoch angesehene Graf Lehndorff, was das Wichtigste in der Zucht ist: 1. Gesundheit, 2. Gesundheit, 3. Gesundheit. In der Humanmedizin heißt es im allgemeinen: »Weil du krank bist, darfst du kein Kind haben.« Im Pferdesport ist das umgekehrt: »Weil du krank bist, mußt du ein Kind haben.« Nach dieser Prämisse wird in der Regel gezüchtet. Und so geschieht das auch bei Nasenblutern – mit der Konsequenz, daß wir in der amerikanischen Vollblutzucht jetzt 90 % Pferde mit Nasenbluten haben. Die Vererblichkeit scheint gegeben zu sein. Mit Recht sagen jetzt die Verbände, der Sport ist ohne Furosemid nicht mehr durchführbar.

» Weil du krank bist, mußt du ein Kind haben.«

Entwicklung der Dopinguntersuchungen bei der FN

Jahr	gesamt	positiv	%
1990	210	3	1,42
1991	380	4	1,05
1992	463	3	0,65
1993	505	18	3,56

Auch unter Berücksichtigung der Tatsache, daß sich die Anzahl der entnommenen Proben seit 1990 mehr als verdoppelt hat, fällt auf, daß prozentual gesehen die **positiven Proben sich mehr als verdreifacht haben.** Nicht zu vergessen die Dunkelziffer und die nicht nachweisbaren Substanzen. Unter Beachtung dieser Fragestellung kann man davon ausgehen, daß jedes zehnte Pferd gedopt ist. Wahrlich ein makabres Zahlenbild!
Wenn man dazu die Gesamtstarts im Jahr 1993 in Höhe von 1 542 379 in allen Disziplinen in Bezug setzt, wird man zwangsweise monieren, daß 505 Dopingproben keine repräsentative Zahl sein kann. Nur bei jedem 3054. Start wird eine Dopingprobe gezogen. Das kann nicht der Sinn einer gezielten Bekämpfung des Dopings sein.
Zehn Proben mußten wegen Formfehlern (Versiegelung unzulänglich, Flasche leck, Codenummer verwechselt) verworfen werden. Die Untersuchung einer Dopingprobe kostet etwa 500 DM, was bei dem betriebenen analytischen Aufwand sicherlich gerechtfertigt ist. Die Finanzierung der Dopingproben bereitet dem Verband Sorgen, zumal für die Bekämpfung des Dopings ja nicht nur die reine Dopinganalyse als Kosten-

Zehn Dopingproben mußten wegen Formfehlern verworfen werden.

faktor auftritt. Hohe Kosten verursachen die Doping-Sets, das Honorar für den entnehmenden Tierarzt, aber auch die Forschungsaufgaben zur Bestimmung des Ausscheidungsverhaltens müssen etatmäßig abgegolten werden.

In Amerika macht man sich das Verursacherprinzip zunutze, das heißt wer den Schaden verursacht, soll auch bezahlen. Als Verursacher kommen der Reiter oder Fahrer in Frage. In den USA werden pro Start mittlerweile 5 $ erhoben. Damit läßt sich dort der gesamte Aufwand leicht finanzieren. Es bleibt sogar noch Geld für Forschungsprojekte übrig.

Statistisch gesehen ist der Reitsport mit einer Quote von 3,56 % gegenüber den anderen Pferdesportdisziplinen der Doping-Branchenführer. Die im Jahr 1993 errechnete Prozentzahl täuscht insofern noch, als die zuvor genannten zehn Proben wegen Formfehlern abgetan werden mußten (immerhin 1,98 % der entnommenen Proben). Wenn dieser Prozentsatz zu den effektiv positiven Proben gerechnet wird, erhalten wir einen Satz von 5,54 %. Das bedeutet, daß jede 20. Dopingprobe positiv war. Natürlich existieren nicht nachweisbare Substanzen. Wenn man davon ausgeht, daß weltweit alle 10 Minuten eine neue pharmakologische Substanz auf den Markt kommt, kann man sich vorstellen, daß der gejagte »Dopinghase« prinzipiell immer schneller sein muß als der jagende Dopingfahnder.

Die Vollblutszene in England scheint das Dopingproblem auf der Insel besser im Griff zu haben. Nur 0,2 % der Dopingproben waren 1993 positiv. Wie bereits erwähnt, gibt das Deutsche Direktorium leider keine Zahlen heraus. Gemäß einer Insiderinformation waren 1993 bei 569 Proben 23 positiv, was einem Prozentsatz von 4,04 entspricht. Das bedeutet, daß in Deutschland im Vollblutsport 20mal mehr gedopt wird als im Mutterland des Galopprennsports. Das sollte mehr als zu denken geben.

Große Interpretationsprobleme existieren bei **körpereigenen Substanzen** wie beispielsweise den Hormonen. Jeder Körper verfügt über Regulationsmechanismen, die unter anderem einem relativ stabilen, allerdings von der Tageszeit abhängigen Zyklus unterliegen. Trotzdem kann ein Pferd keinen Cortisongehalt von Null haben. Geht der Cortisonhaushalt gegen Null, ist mit an Sicherheit grenzender Wahrscheinlichkeit anzunehmen, daß synthetische Cortisone von außen zugeführt wurden, was die körpereigene Produktion zum Erliegen bringt. Die synthetischen Cortisone sind allerdings schwer nachzuweisen. Wir führen in unserer Klinik bei allen Ankaufsuntersuchungen Dopingproben durch, bei denen unter anderem auch der körpereigene Cortisongehalt gemessen wird. Diese Untersuchungen werden neben berechtigtem Käuferinteresse aus eigenem Antrieb veranlaßt, da von uns das Pferd bei einer Ankaufsuntersuchung auch im Naturzustand untersucht werden soll. Unter Einfluß von Fremdsubstanzen stehende Pferde verschleiern das klinische Erscheinungsbild. Sinkt dieser Wert unter einen Schwellenwert von 3,0 µg/dl (Mikrogramm pro Deziliter), muß das Pferd mit Cortison vorbehandelt worden sein oder es ist krank. Juristisch ist diese indirekte Methode noch nicht abgesegnet.

1991 wurde Franke Sloothaak schon als der wahre Europameister proklamiert, als beim Pferd des Siegers Eric Navet eine Menge von über 12 000 η (= Nanogramm, 12 Mikrogramm pro Deziliter) Cortison im Urin festgestellt wurde. A- und B-Probe waren beide positiv. Der nationale französische Verband und der Reiter bestritten eine Cortisonbehandlung und gaben vor, daß unter extremen Streßbedingungen ähnliche Werte auftreten könnten. Den Gegenbeweis konnte die FEI nicht erbringen, so daß die zweite und letzte sportgerichtliche Instanz, der CAS (Internationaler Sportgerichtshof beim IOC in Lausanne), den Betroffenen freisprechen mußte.

Der CAS verpflichtete nach diesem Urteil die FEI zur Einführung eines Schwellenwertes, der mittlerweile bei 1000 η festgelegt wurde und Bestandteil des Reglements ist. Das heißt, wenn heute ein Pferd mehr als 1000 η Cortison im Urin aufweist, wird bestraft. Der ganze »Quito de Baussy«-Prozeß wurde praktisch öffentlich geführt, und beinahe täglich standen neue Schlagzeilen in den Zeitungen. Pikanterweise wurde als Gerichtssachverständiger beim CAS der Leiter des Schweizer Staatsgestüts Dr. Poncet engagiert, dem man möglicherweise Befangenheit unterstellen könnte, denn er hat als einen seiner Renommierhengste einen Bruder zu »Quito de Baussy« aufgestellt. Diese Tatsache wurde allerdings erst nach dem Urteil publik. Unter diesem Aspekt bekommt der Hinweis von Dr. Poncet, daß es sich möglicherweise bei »Quito de Baussy« um ein »biochemisch atypisches Pferd« handele, eine besondere Note.

Die Dopingbekämpfung kann in verschiedene Stufen unterteilt werden.

Die synthetischen Cortisone sind schwer nachzuweisen.

»Quito de Baussy«, ein »biochemisch atypisches Pferd«.

85

1. Entnahme
2. Laboranalyse
3. Sanktion

Die **Entnahme** ist von der Sache her sehr gut organisiert. Trotzdem treten immer wieder Fehler auf, wobei das Zudrehen der Blut- bzw. Urinflasche einigen Tierarztkollegen offensichtlich Schwierigkeiten bereitet. Die FEI hatte Jahre, in denen ebensoviele positive wie wegen Formfehlern ungültige Proben registriert wurden. Dies führte zu einer Schulung der entnehmenden Tierärzte mit einer daraus resultierenden Lösung des Problems und war letztlich auch einer der wesentlichen Beweggründe, 1990 das sogenannte »Medication Control Program« einzuführen. National steckt die Schulung der mit der Entnahme der Proben beauftragten Tierärzte noch in den Kinderschuhen. Hier muß noch sehr viel Aufklärungsarbeit geleistet werden.

Die FEI hatte Jahre, in denen ebensoviele positive wie wegen Formfehlern ungültige Proben registriert wurden.

Das Institut für Biochemie in Köln ist ein anerkanntes Labor im Sinne des IOC und führt für die nationalen Pferdesportverbände (außer HVT) die Dopinguntersuchungen durch. Fehler bei der **Laboranalyse** sind theoretisch möglich, jedoch unrelevant, denn positive Proben müssen immer innerhalb des Labors mit einer anderen Methode gegenkontrolliert werden. Das Aufdecken laborbedingter Analysefehler bedarf eines hochqualifizierten Wissensstandes, was nur einem Personenkreis möglich ist, der selber täglich mit diesen Dingen umgeht.

Die **Sanktion** bei einem positiven Dopingfall ist Sache des Verbandes. Folgende Möglichkeiten bestehen:

○ Geldstrafe
○ Sperre oder Lizenzentzug
○ Publizieren des Falles

Wenn man davon ausgeht, daß der Sieger im Großen Preis von Calgary in Kanada ca. 500 000 DM gewinnen kann, bedeuten Geldstrafen unter 10 000 DM für die Betroffenen nur einen Griff in die Portokasse. Bisher ist im Dopingbereich noch nie eine Geldstrafe von mehr als 10 000 DM ausgesprochen worden. Auch Herrn Wöhler dürften bei 250 000 DM Gewinnen (10% der Gewinngelder) die 50 000 DM Buße nicht sehr weh tun. Sensibel werden allerdings Zeitsperren registriert, denn sie kommen ab einer gewissen Dauer einem Berufsverbot gleich. Die Publikation eines positiven Falles ist

Bisher ist im Dopingbereich noch nie eine Geldstrafe von mehr als 10 000 DM ausgesprochen worden.

aus rufschädigenden Gründen ebenfalls Bestandteil der Sanktion.

Die Kritiker erwähnen mit Recht, daß die Zeit zwischen dem Feststellen des Vergehens und der Sanktionierung zu lang ist. Dem kann ich nur beipflichten. Der einfache Fall ist relativ klar: Das heißt, wenn der Betroffene das Vergehen in der ersten Instanz akzeptiert, wird die rechtswirksame Sanktion innerhalb von drei Monaten ausgesprochen. Die Prinzipien des Rechtsstaates (Anhörung, Rechtsmittelbehelf, Fristen usw.) verzögern dieses Procedere erheblich.

Die genommenen Proben müssen in einem verschließbaren Kühlschrank gelagert und spätestens innerhalb von 24 Stunden nach der letzten Prüfung in das entsprechende Labor geschickt werden. Die Probe muß innerhalb einer Woche im Labor untersucht werden. Liegt eine positive A-Probe vor, muß die betroffene Person (Person Responsible) oder die Nationale Federation innerhalb von zehn Tagen die B-Probe beantragen, die ihrerseits innerhalb von 21 Tagen vollzogen werden muß. Erst dann wird nach dem Einschalten der Expertenkommission, die über die Rechtmäßigkeit der Probe befindet, die juristische Kommission informiert, die dann in einer gemeinsamen Sitzung das Urteil spricht. Anschließend kann innerhalb von 30 Tagen Widerspruch bei der nächsten und letzten Sportgerichtsinstanz (CAS) eingelegt werden.

Wenn also alle Fristen ausgereizt werden und die juristische Kommission innerhalb von 14 Tagen zusammentreffen kann, dauert die normale Verfahrensweise von der Entnahme bis zur rechtskräftigen Sanktionierung mindestens etwa 90 Tage. Wird die zweite Instanz in Anspruch genommen, kann sich das Verfahren über ein Jahr hinziehen. Es muß betont werden, daß die Dauer des Verfahrens vor allem dazu dient, dem Betroffenen sämtliche Möglichkeiten eines Rechtsstaates zu bieten. Und da diese Rechtshilfe genauso oft in Anspruch genommen wird, liegt hier der Hauptgrund, warum sich das Ganze so in die Länge zieht.

Zur Zeit läuft auf internationalem Gebiet ein Musterverfahren, in dem der deutsche Reiter Tjark Nagel nach einem Dopingvergehen das zuständige Schweizer Zivilgericht bemüht, da die Zuständigkeit und die Ausführung dem Grunde nach angezweifelt werden. Ein kürzlich ergangenes Urteil des BGH hat national die Sportgerichtsbarkeit der Deutschen Reiterlichen Vereinigung bestätigt, worauf dem Verband sicherlich ein Stein vom Herzen gefallen ist.

Die Kritiker erwähnen mit Recht, daß die Zeit zwischen dem Feststellen des Vergehens und der Sanktionierung zu lang ist.

Die Dauer des Verfahrens dient vor allem dazu, dem Betroffenen sämtliche Möglichkeiten eines Rechtsstaates zu bieten.

Wie ein Dopingverfahren theoretisch optimal gelöst werden kann, zeigt uns das Beispiel der Olympiade in Barcelona. Zunächst wurden im Gegensatz zum sonst obligatorischen Verbandslabor die Proben beim IOC-Labor in Barcelona untersucht, die uns innerhalb von 24 Stunden die Ergebnisse liefern konnten. Damit fiel schon einmal der zeitaufwendige Transportweg weg. Da alle betroffenen Personen (Reiter, Expertenkommission, juristische Kommission) anwesend, erreichbar und beschlußfähig waren, hätte ein positiver Fall noch während der Olympischen Spiele geahndet werden können, was natürlich Sinn macht. Für Atlanta ist ein ähnliches Vorgehen geplant.

Das Prinzip, daß Vergehen und Ahndung in einem überschaubaren Zeitraum aufeinanderfolgen sollen, muß überprüft und verbessert werden.

Das Prinzip, daß Vergehen und Ahndung in einem überschaubaren Zeitraum aufeinanderfolgen sollen, muß überprüft und verbessert werden. Im Zeitalter der Telefax-Kommunikation können vor allem Fristen verkürzt werden. Auch eine Telefonkonferenz könnte dafür sorgen, daß Abstimmungen innerhalb der Expertenkommission und der juristischen Kommission unverzüglich erfolgen können. Damit wäre es möglich, die Dauer der Verfahren ohne Verzicht auf rechtsstaatliche Prinzipien und eine damit verbundene Benachteiligung des Betroffenen erheblich zu verkürzen.

Phenylbutazon

Die von der Firma Ciba-Geigy erstmals 1949 hergestellte Substanz (Butazolidin®) wurde als Rheuma- und Schmerzmittel in der Humanmedizin eingesetzt und gehört in die Gruppe der Nicht Steroiden Anti Inflammatory Substanzen (engl.: NSAID). Sie zeichnet sich durch eine gute Wirksamkeit beim Pferd aus – allerdings mit diversen Nebenerscheinungen. Der Magen- und Darmtrakt des Menschen wird in erheblichem Maße durch Schleimhautläsionen und Ulzera (Geschwüre) geschädigt. Erst Serienprozesse und über 1000 nachgewiesene Todesfälle bei Menschen in den USA weckten die Ärzteschaft und das Patientenklientel auf. Gegen den Widerstand der Pharmaindustrie wurde das Präparat in den USA verboten. Auch in Deutschland ist es als Alleinsubstanz nicht erlaubt. Eine alte Faustregel, die auf dem Gewichtsverhältnis von Pferd und Mensch beruht, empfiehlt, die 7fache Humandosis für das Pferd zu nehmen. Das wären 4 g pro Tier und Tag. Diese Dosierung ist als Erhaltungsdosis 4mal zu hoch und eindeutig mit unliebsamen Nebenwirkungen verbunden.

Man kann allerdings die pharmakologischen Wirkungen nicht uneingeschränkt vom Menschen auf das Tier übertragen. Besonders die Magensaftzusammensetzung des Menschen unterscheidet sich wesentlich von der des Pflanzenfressers Pferd. Auch die biologische Halbwertzeit ist verschieden. Beim Mensch dauert es ca. 24 Stunden, beim Pferd ca. 7 Stunden, bis die Substanz im Körper zur Hälfte abgebaut ist. Dieser Faktor ist ein Index für die Verweildauer einer Substanz im Körper. Schon hieraus sieht man, daß die Substanz mehr als dreimal so lange im menschlichen Körper bleibt.

Man kann die pharmako-logischen Wirkungen nicht uneingeschränkt vom Menschen auf das Tier übertragen.

Das hat zu dem Trugschluß geführt, daß die Substanz beim Pferd ungefährlich sei, außerdem hat man lange Jahre nicht über Nebenwirkungen beim Pferd nachgedacht. Solange aufgrund der Dopingbestimmungen keine Einschränkungen vorgegeben waren, bestand kein Handlungszwang. Erst Anfang der achtziger Jahre beschäftigte sich auch in der Pferdemedizin die Grundlagenforschung mit den Nebenwirkungen von Phenylbutazon. Der entscheidende Durchbruch in der Forschung gelang jedoch erst mit der Einführung des flexiblen Endoskops, mit dem man in den Magen sehen kann. Mit dem Pferde-Gastroskop wurde eindeutig nachgewiesen (Mac Allister, 1991), daß selbst »Erhaltungsdosen« von 1 g pro Tag zu einer dauerhaften Schädigung der Magen- und Darmschleimhaut führen können. Auch Post-Mortem-Untersuchungen haben dies bestätigt.

Mit dem Pferde-Gastroskop wurde eindeutig nachgewiesen, daß selbst »Erhaltungs-dosen« von 1 g pro Tag zu einer dauerhaften Schädigung der Magen- und Darmschleim-haut führen können.

Weltweit herrscht eine sehr unterschiedliche Dopingmoral. Während in Europa nach Vorläuferfunktionen der Schweiz und Skandinaviens, die sowohl gesetzlich als auch verbandsrechtlich die Anwendung jeglicher Substanz beim Wettkampf verbieten, nun auch Holland, Frankreich, Deutschland und sogar Italien die sogenannte Nullösung per Verbandsdekret erlassen haben, tut sich der nordamerikanische Kontinent mit dieser Regelung sehr schwer. Sowohl in den USA als auch in Kanada sind 15 ppm der Substanz Phenylbutazon in nationalen Prüfungen noch erlaubt, von den anderen Substanzen wie Banamine® und Lasix® einmal ganz abgesehen. Das USA-Phenylbutazon-Limit entspricht in etwa einer 3fachen therapeutischen Dosis.

Verständlicherweise trafen wir bei der Abstimmung auf der Generalversammlung der FEI im März 1993, als es um die

*Für einen
Weltverband
muß es schwer
sein, seine
kontroversen
Mitgliedsländer
»unter einen
Hut« zu
bekommen.*

*Der Sport geht
auch ohne
Phenylbutazon
weiter –
aber eben viel
ehrlicher.*

Herabsetzung des Phenylbutazons auf Null ging, in Rio de Janeiro auf enormen Widerspruch. Für einen Weltverband muß es aber auch schwer sein, seine kontroversen Mitgliedsländer »unter einen Hut« zu bekommen. In Rio wurden regelrechte Kampagnen mit engagierten und emotionellen Reden veranstaltet. Das wurde dem amerikanischen Block allerdings zum Verhängnis, denn die Amerikaner versuchten, Einfluß auf kleinere, in ihrer Entscheidung noch unsichere Nationen zu nehmen. Diese – der gesamte Südamerikablock – fühlten sich bevormundet und votierten vielleicht weniger für die Nulllösung als vielmehr gegen die Amerikaner. Damit war die Nullösung für Phenylbutazon in der FEI beschlossen und ist nun seit dem 1. Januar 1994 im Einzugsbereich der FEI obligatorisch.

Im Anschluß hat es mehr oder minder eine Palastrevolution durch die Gegner gegeben. Wie schon bei der Reduktion von 5 ppm auf 2 ppm im Jahre 1989, mußten wir uns vorwerfen lassen, daß dies das Ende des Sports bedeute. Auch wenn es die Hardliner nicht wahrhaben wollen: Der Sport geht auch ohne Phenylbutazon weiter – aber eben viel ehrlicher. Die Amerikaner versuchten, die Entscheidung zu revidieren, die Mexikaner drohten gar mit einem FEI-Boykott.

Und da kam dann noch Herr Melchior vom Gestüt Zangersheide. Seine Emotionen gipfelten in der Unterstellung, ich wäre ja eigentlich der »Oberdoper« – so publiziert im hauseigenen Magazin. Das führte zunächst von meiner Seite aus zum juristischen Procedere mit der Androhung auf Unterlassung. Während der Weltmeisterschaften in Den Haag haben wir uns allerdings zusammengesetzt. Paul Schockemöhle hat diesem Gespräch beigewohnt. Dabei ist mir als Vergleich ein Interview angeboten worden, was ich für die holländische Zeitung »de Hoefslag« auch wahrgenommen habe.

Wie immer man über die Phenylbutazon-Regelung denken mag – zum Wohl oder Schaden des Pferdes –, rückgängig gemacht werden kann dieser Beschluß nur durch eine Abstimmung der Generalversammlung mit Zweidrittelmehrheit. Ich denke, daß die Befürworter noch einmal auf den Plan treten werden, gebe einer Änderung aber keine Chance mehr.

Mir war im Vorfeld klar, daß eine Nullösung bei einer Abstimmung der Generalversammlung nicht nur aus rein sachlichen Gründen beschlossen werden würde. Politische und diplomatische Qualitäten waren gefragt. Die FEI war vorbereitet. Die entscheidende Präsentation blieb mir überlassen. In einem 40minütigen Vortrag habe ich versucht, die rationalen Gründe darzulegen. Ich hätte mich nicht so engagieren können, wenn mir nicht die Präsidentin den Rücken gestärkt hätte.

Ich persönlich halte aus den verschiedensten Gründen die Nulloption für die fairste Lösung. Die wesentliche Begründung liegt in den FEI-Statuten selber: Das Pferd soll seinen Wettbewerb' im Urzustand und nur durch seine ererbten Fähigkeiten bestreiten. Die FEI hat im Jahr 1992 in ihrem Kompetenzbereich 474 Turniere veranstaltet, davon sind 31% in Ländern mit einer gesetzlich vorgeschriebenen Nulllösung abgehalten worden. Allerdings werden 51% des gesamten Preisgeldes innerhalb der FEI in Ländern mit Phenylbutazon-Verbot verteilt. Das ist zwar nur wenig mehr als die Hälfte, aber immerhin müssen sich die Reiter/Fahrer strafrechtlich verantworten, wenn sie unter Phenylbutazon-Medikation in diesen Ländern starten.

Ich persönlich halte aus den verschiedensten Gründen die Nulloption für die fairste Lösung.

Es sollen aber auch die Gründe gegen die Nullösung erwähnt werden. Der Zenith eines Reitpferdes liegt altersmäßig in etwa um zehn Jahre. Es bedarf viel Aufbauarbeit, Training und Geduld, um die Pferde auf dieses Niveau zu bringen. Besonders auffällig ist diese Erscheinung bei der Dressur. Wenn das Pferd über die notwendige Routine verfügt, hat es in der Regel ein jahrelanges Training hinter sich, was zwangsläufig zu degenerativen Veränderungen am Bewegungsapparat führt. Pferde wie »Rembrandt Borbet« stellen hier zweifellos eine Ausnahme dar. Er hat bis zu seinem Unfall bei der Siegerehrung der Deutschen Meisterschaften in Verden 1993 außer Impfungen und Wurmkuren (entgegen spekulativer Gerüchte von Miesmachern) keinen Tierarzt gesehen. Bei aller Ästhetik des Sports – er fordert seine Opfer in seinen Disziplinen. Mit den jeweils spezifischen Krankheitsbildern muß gerechnet werden. Der Galopper ist in dieser Hinsicht überhaupt nicht mit dem Reitpferd vergleichbar. Sein Höhepunkt liegt im jugendlichen Alter von drei bis vier Jahren, wo degenerative Erkrankungen normalerweise noch nicht auftreten.

Das soll aber von der Vollblutproblematik nicht ablenken, bei der mehr der Traumatologe als der Orthopäde gefragt ist. Gerade die Tatsache, daß das im Spitzensport verwendete Pferd seinen Leistungszenith zu einem Zeitpunkt erreicht hat, in dem praktisch der Bewegungsapparat schon angebraucht ist, führt zu Argumenten, diesen Pferden mit dem »Beutelchen« weiter zum Start zu verhelfen. Das ist sowohl aus sportlicher als auch aus tierschützerischer Sicht verständlich. Was würde denn sonst mit den Pferden geschehen, wenn diese Athleten für den Sport nicht mehr einsatzfähig wären? Nur die wenigsten Reiter verfügen über die räumlichen Möglichkeiten, ihrem »Sportgerät« die Gnadenweide zu gewähren. Kostenaufwendig ist so ein Gnadenbrot ebenfalls – ergo wandert das Pferd zum Schlachter. Wer gibt mir aber das Recht, ein Tier zu töten, nur weil es seinen Job nicht mehr verrichten kann?

Verdiente Pferdepersönlichkeiten werden in der Regel standesgemäß verabschiedet. Im anglo-amerikanischen Sprachgebrauch nennt man das »Unsaddling Ceremony«. Ich bin bei vielen Verabschiedungen verdienter Sportpferde dabei gewesen. Ich habe gesehen, wie Eddie Macken bei »Boomerang« und auch Paul Schockemöhle bei »Deister« die Tränen die Backen heruntergelaufen sind. Es gibt aber auch die andere Version: Es ist bekannt, daß verdiente Sportpferde zwar verabschiedet, dann aber durch den Hintereingang zum Schlachter gefahren worden sind.

Manipulation

Doping ist die eine Seite der unlauteren Beeinflussung des Spitzensports, Manipulation ist die andere. Wir befinden uns jedoch heutzutage keineswegs in einer Ausnahmesituation, auch ist Geld allein nicht ausschlaggebend. Für Ruhm und Ehre wurde in der ersten vorchristlichen olympischen Periode bereits nachweislich manipuliert. Der Gegner wurde gekauft in der Absicht, daß er verliere, und Kaiser Nero hat die Olympischen Spiele um zwei Jahre vertagt, weil er für den vorgesehenen Zeitpunkt nicht über das geeignete Pferdematerial verfügte. Mit der gleichen Absicht sind damals auch schon Boxer gekauft worden.

Gastgeber für eine Championat zu sein, legte der betroffenen Nation immer einen gewissen Druck auf. In Barcelona sollte zumindest für die Spanier eine Medaille drin sein. Zu diesem Zweck wurden alle möglichen Vorkehrungen getroffen. Zunächst hat man Millionen für die Beschaffung von Pferden ausgegeben, dann wurde einer der besten (und teuersten) Trainer verpflichtet. Wegen der in Spanien grassierenden Pferdepest konnte dort nicht trainiert werden, somit wurde in Holland für die Springreiter und in England für die Militaryreiter ein Trainingslager eingerichtet. Trotz filigranster Vorbereitung konnte der Medaillenrang in Barcelona nur wegen eines einzigen Springfehlers nicht erreicht werden. Der Springparcours war sowohl hinsichtlich der Ausmaße als auch der Hindernisse den Spaniern bereits im Vorfeld bekannt. Ein Zufall wollte es, daß ihn spanische Journalisten nach der Olympiade in einem nahegelegenen Trainingszentrum entdeckten, was am 17. August 1992, also eine Woche nach dem Ende der Olympiade, zu einer Bildreportage in »Diario 16« – einer renommierten spanischen Tageszeitung – führte. Selbstverständlich wurde der Tatbestand offiziell dementiert.

In der Vergangenheit wurde immer schon behauptet, daß Insiderwissen an die Athleten durchsickere. Um den Parcours, seine Ausmaße und Hindernisse im Vorfeld in Erfahrung zu

Trotz filigranster Vorbereitung konnte der Medaillenrang in Barcelona nur wegen eines einzigen Springfehlers nicht erreicht werden.

bringen, ist ihnen nichts zu teuer. Die Parcoursbauer müssen ja auch »ihren« Championatparcours irgendwann einmal gebaut haben. So reisten mehrere Delegationen 1984 im Frühjahr nach Florida, wo der Parcoursbauer der Amerikaner für Los Angeles – Bertran de Nemethy – seine Linien vorbereitete. Und siehe da: Die Kombinationen fand man in bestechend ähnlicher Form bei den Olympischen Spielen wieder.

Die Dreistigkeit der Spanier fand ihren Höhepunkt, als die Reiter auch während der Spiele die Olympiaparcours noch in dem nahegelegenen Trainingszentrum ritten. Die absolute Spitze war aber, daß man im Nationenpreis zwischen den beiden Umläufen einen Helikopter charterte, in das Trainingslager flog, den Originalparcours auf den Zweitpferden noch einmal durchsprang und rechtzeitig zur zweiten Runde im Stadion wieder antrat. Jeder Spanier kannte Distanzen, Linienführung und Höhen blind. Nur – daß das nicht alles ist, hat das Ergebnis gezeigt.

Daß Versuche ähnlicher Art auch einmal ins Gegenteil umschlagen können, ist die Ironie des Schicksals. »Micky« Brinckmann war Parcoursbauer der Europameisterschaften 1975 in München – übrigens die letzte hochkarätige internationale Veranstaltung im heute abbruchreifen Reiterstadion in München-Riem. Im Stadion war ein neuer Wassergraben angelegt worden. Da in der deutschen Mannschaft einige wasserscheue Pferde starten sollten, fuhr man mit diesen Pferden sechs Wochen vor der Meisterschaft nach München, um den Wassergraben zu trainieren. Das hatte den Effekt, daß ein Pferd während der Prüfung bei der Europameisterschaft etwa 5 Meter im Parcours war, den Wassergraben schon von weitem sah und umdrehte. Das Pferd war nicht zu bewegen, ein einziges Hindernis in diesem Stadion zu überwinden. Schlaues Kerlchen!

Die Verfassungsprüfung durch die Tierärzte dient zur objektiven Überprüfung der Fitneß bei den Pferden.

Die Verfassungsprüfung durch die Tierärzte dient zur objektiven Überprüfung der Fitneß, wobei vor allem abgeklärt werden soll, ob das Pferd, ohne Schaden zu erleiden, an den Start gehen kann. In Barcelona oblag es mir, diese schwierige Aufgabe zu erfüllen. Der verdiente und wunderbare Holsteiner-Wallach »Corlandus«, der von der deutschstämmigen Französin Margit Otto-Crepin geritten wird, zeigte schon seit längerer Zeit »Taktschwierigkeiten« in der Hinterhand, was bei den Europameisterschaften in Donaueschingen im Jahr 1991 schon Tierärzte dazu verleitet hatte, von einer »Behinderten-Olympiade« zu sprechen. Die Situation spitzte sich in Aachen 1992 – einen Monat vor den Olympischen Spielen – zu, wo der Wallach in der Prüfung mehr als eine Taktunreinheit zeigte. Obwohl man der Reiterin nahelegte, unter diesen Umständen in Barcelona nicht an den Start zu gehen, wurde »Corlandus« wohl auf Druck der Französischen Federation dort vorgestellt. Als ich es wagte, das Pferd nicht zum Start zuzulassen, wurde ich öffentlich und sehr laut vor versammeltem Publikum der Manipulation beschimpft, wobei die verbale Krönung die Betitelung »Chauvinist« war. Ich fragte die Franzosen, ob sie wüßten, von welcher Sprache dieses Wort stamme. Ich ließ mir die Anschuldigung nicht so ohne weiteres gefallen und machte eine offizielle Meldung. Das Entschuldigungsschreiben der Französischen Federation traf dann auch nach einem Monat bei mir ein.

Das Entschuldigungsschreiben der Französischen Federation traf nach einem Monat bei mir ein.

Daß so etwas auch anders geht, hat ein englischer Reiter gezeigt. Ian Stark – ein bekannt ehrgeiziger Reiter der englischen Military-Mannschaft (Insiderjargon: »He is very competitive«) – hatte sein Pferd »Murphy Himself« in Barcelona gesattelt. Es sind nur wenige Pferde bekannt, die derart kämpferisch veranlagt sind wie dieser Schimmelwallach. Er würde sich im wahrsten Sinne des Wortes totgaloppieren, wenn der Reiter ihm keinen Einhalt gebieten würde, was gar nicht so leicht ist. Am Finaltag, nach dem kräftezehrenden Cross-Country-Tag, wurde das Pferd mit einer Lahmheit bei der letzten Inspektion vorgestellt. In der Holding Box wurde eine Fesselgelenksentzündung festgestellt, was dazu führte, daß »Murphy Himself« nicht mehr starten konnte. Die Bedrückung und die Reaktion der englischen Mannschaft waren dementsprechend, weil sie zu diesem Zeitpunkt noch potentieller Medaillenanwärter war. Auch hatte Ian Stark in der Einzelwertung noch eine Medaillenchance. Nach der Entscheidung zum Wohle des Pferdes liefen dem hartgesottenen Reiter die Tränen die Backen herunter, und er wußte nicht, ob er mich anschreien oder davonlaufen sollte. Mir war auch nicht wohl bei der Sache, es ließ sich aber an den Fakten nichts ändern. Nun kam etwas Sonderbares. Ich traf Ian Stark eine Stunde später nach der Verfassungsprüfung wieder. Er schritt auf mich zu und sagte: »Doctor, You were right, You are a good horseman!« Wenn man auf eine Sache den Begriff »Horsemanship« anwenden kann, dann hier!

»Doctor, You were right, You are a good horseman!« (Ian Stark)

95

Breitensport

Die Anzahl der Pferde, die zum Zweck des menschlichen Genusses von Anfang an gezielt als Schlachtpferde gezüchtet und verkauft werden, übersteigt weltweit deutlich jene, die man für Sport und Freizeit einsetzt. Durch Bewegungsmangel geförderte Krankheitserscheinungen werden als Hypokinetosen bezeichnet. Zu ihnen zählen funktionelle Herz-/Kreislauferkrankungen, Leistungsschwäche von Herz, Kreislauf, Atmung und Stoffwechsel einmündend in Arbeitsausfall und Frühinvalidität, wofür allein aufgrund von Herz-/Kreislaufschäden in Deutschland etwa 100 Milliarden DM pro Jahr ausgegeben werden. Allen genannten Krankheitsbildern ist gemeinsam, daß sie durch ein adäquates körperliches Training kausal oder symptomatisch gebessert werden können. Die Beibehaltung eines regelmäßigen körperlichen Trainings jenseits des 30. und 40. Lebensjahres und somit die Erhaltung der Fitneß bedingt eine Verlangsamung der biologischen Alterungsvorgänge und gestattet es dem Menschen, gewissermaßen 20 Jahre lang 40 Jahre alt zu bleiben. Training stellt ein Bremselement gegenüber der Alterung dar.

Der neue DSB-Präsident Manfred von Richthofen schrieb in seinem Grußwort zum Jahr 1995 an die Verbände, daß der deutsche Sport keinen Anlaß habe, sich politisch nach hinten abschieben zu lassen. Die Arbeit, die in den Vereinen geleistet wird, müsse in der Gesellschaft mehr als bisher spürbar werden. Die legitimen Forderungen des Sports müßten deutlicher formuliert werden. Der Präsident verwies dabei auch auf die »praktische Sozialarbeit«, die der Sport leiste. Auf diesem Gebiet sieht er einen wichtigen Ansatzpunkt zur verstärkten Zusammenarbeit mit den Kirchen, Gewerkschaften und Wohlfahrsverbänden. Diese weisen Ausführungen unterstreichen die soziale Bedeutung des Breitensports, der in 83 000 Vereinen in Deutschland praktiziert wird.

In Bayern wurde 1994 als das Jahr des Ehrenamts ausgerufen, nachdem man 1993 in Nordrhein-Westfalen und Branden-

Die Beibehaltung eines regelmäßigen körperlichen Trainings jenseits des 30. und 40. Lebensjahres gestattet es dem Menschen, gewissermaßen 20 Jahre lang 40 Jahre alt zu bleiben.

burg schon Ehrenamtsjahre »gefeiert« hatte. Das hatte einen Regen von Medaillen, Ehrenurkunden und Orden zur Folge. Keiner wurde von den Lobeshymnen der Funktionsträger und der Politiker verschont. Man hörte aber auch heraus, daß den Verbänden die Arbeitswilligen an der Basis abhanden kommen. »Die Grenzen des Wachstums im ehrenamtlichen Engagement sind erreicht oder schrumpfen bereits wieder«, erklärte der Vorsitzende des Bayerischen Landes-Sportverbandes (BLSV) Professor Peter Kapustin.

Bei der Suche nach den Ursachen des Schwundes kamen die Lenker des organisierten Sports auch voran, die Gründe liegen ja auf der Hand: die Vielfalt der Aufgaben und die gestiegenen Ansprüche sowie der Zug der Zeit »in Richtung Egoismus, Anspruchsdenken und Rückzug ins Private«. Es ist aber keineswegs so, daß den Sportvereinen die Mitglieder davonlaufen; im Gegenteil, ihre Zahl im Deutschen Sport-Bund (DSB) stieg 1993 auf rund 25 Millionen. Eine Trendwende scheint sich allerdings abzuzeichnen. Der Weg gehe, so der Münsteraner Sportwissenschaftler Winfried Joch, hin zu »mehr Spaß-Vergnügen mit leicht gemachter Erfolgsgarantie. Der Verzicht auf harte Trainingsarbeit ist zum Programm geworden. Unverkennbar der Wertewandel: Lieber nach Lust und Laune leben. Beliebt ist, was Spaß macht. Erlaubt ist, was gefällt.« Es wird auch erkannt, daß es kommerzielle und freie Sportanbieter gibt. Die Übernahme von ehrenamtlicher Tätigkeit mag sich erübrigen, da man sich zum Entrichten eines Entgelts – ähnlich wie im Supermarkt – von weiteren Verpflichtungen freigekauft hat. Der vordergründige Wunsch der Sporthungrigen ist, »Spaß zu haben«, sich den Sport selbst aussuchen zu können und keinerlei Leistungsdruck oder Verpflichtung spüren zu müssen. Im Verein sei es mit der Geselligkeit auch nicht mehr weit her.

Die Modeerscheinung Fitneßstudio stillt nicht nur sportliche Bedürfnisse – Kraftkammern gibt es ja auch in größeren Sportvereinen –, sie hat auch eine soziale Funktion. Seit 1988 nimmt die Zahl der Privatanbieter kontinuierlich zu. Mittlerweile trimmen sich in 5100 Studios rund 2,5 Millionen Menschen, darunter immer mehr Frauen und auch immer mehr Senioren. Der Jahresumsatz von 4,8 Milliarden DM entspricht 1,4 % des Bruttosozialprodukts. Die Prognosen sagen steigende Zahlen voraus, die wachsende Freizeit korrespondiert mit einem gestiegenen Gesundheitsbewußtsein. Sport scheint immer mehr in den freizeitorientierten Erlebniskon-

Keiner wurde beim Jahr des Ehrenamts von den Lobeshymnen der Funktionsträger und der Politiker verschont.

»Die Grenzen des Wachstums im ehrenamtlichen Engagement sind erreicht oder schrumpfen bereits wieder.« (Prof. Peter Kapustin)

Unverkennbar der Wertewandel: Lieber nach Lust und Laune leben.

sum zu driften. Das heißt aber noch lange nicht, daß das Ehrenamt keine Zukunft hat, eher schon, daß neue Konzepte dringend vonnöten sind.

Der Sport sorgt für eine natürliche Erhöhung der körperlichen Leistungsfähigkeit. Allerdings werden heute unter dem Sammelbegriff Sport recht unterschiedliche Bestrebungen verstanden. Aus der Sicht der Medizin bedeutet Sport »muskuläre Beanspruchung mit Wettkampfcharakter oder mit dem Ziel einer hervorstechenden persönlichen Leistung« (Hollmann, 1967). Spätestens in den letzten beiden Jahrzehnten hat eine tiefgreifende Spaltung zwischen dem sogenannten Breitensport und dem Hochleistungssport stattgefunden. Die Gemeinsamkeiten haben sich verringert.

Wie bereits erwähnt, verfügt die Deutsche Reiterliche Vereinigung über mehr als 600 000 Mitglieder. Davon kommen 35 000 aus den neuen Bundesländern. Man kann davon ausgehen, daß dieser Personenkreis regelmäßig ein Pferd reitet. Bei einem Pferdebestand von 540 000 in Deutschland – wobei man von einer Dunkelziffer von 10 % ausgehen kann – verfügt natürlich nicht jeder dieser Reiter über ein eigenes Pferd; auch ist ein beträchtlicher Anteil der Tiere nicht als Reitpferd geeignet (Zucht, Rennpferd etc.). Immerhin betreibt diese Zielgruppe aktiven Sport. Kinder können bereits ab dem 5., 6. Lebensjahr mit dem Reiten beginnen. Während einige Volkssportarten nicht bis ins hohe Alter betrieben werden können, ist dies beim Reitsport gut möglich. Der »Weltmeister der Chef d'Equipe's« Gustav R. Pfordte mit über 130 Einsätzen in Nationenpreisen reitet mit seinen 80 Jahren noch jeden Tag.

Nicht zu vergessen ist der positive Aspekt beim Therapeutischen Reiten, bei dem durch die Mensch-Tier-Beziehung ungeahnte Rehabilitationserfolge erzielt werden. Man unterscheidet drei Bereiche im Therapeutischen Reiten:

1. Einsatz der Hippotherapie
Eine ärztlich verordnete und von der Krankengymnastin durchgeführte Behandlung.
2. Einsatz im heilpädagogischen Reiten
Das Pferd wird bei verhaltensauffälligen oder intelligenzgeminderten Kindern zum Reiten oder Voltigieren eingesetzt.
3. Einsatz im Behindertenreiten
Sportfähige Behinderte reiten und nehmen auch an Wettbewerben teil.

Natürlich unterliegen die ersten beiden Sparten keinem Wettbewerbsdruck. Die Befriedigung, in Koordination mit einem Tier zusammenzuarbeiten, ist jedoch für manch einen aus dem betreffenden Personenkreis mehr als ein Sieg.

Zwangsläufig wird die Zahl der Personen, die Pferdesport betreiben, relativ gering bleiben, denn es können sich heutzutage nur wenige ein Pferd leisten. Für ein Durchschnittspferd müssen fast 10 000 DM ausgegeben werden. Der nachweislich bezahlte Spitzenpreis für ein Reitpferd war 3 Millionen sFr. Für diesen Betrag ging die Springpferdstute »Quinta« im Dezember 1993 nach Mexico. Dieser Rekord wird sicherlich bald gebrochen werden.

Trotzdem verfügen heute viele Reitervereine über gute Pferde, die besonders für Anfänger geeignet sind. Durchschnittlich geht ein Schulpferd vier Stunden am Tag im Schulbetrieb. Das ist durchaus zu verantworten. Pferde, die aus Zeitgründen der Reiter einen Tag oder mehr stehen müssen, haben schlechtere Karten. Es ist bekannt, daß Schulpferde weniger anfällig sind als Hobbypferde. Der berufstätige Amateur ist ohnehin der Hauptverursacher von Sportverletzungen. Das klingt zunächst paradox, wird jedoch bei näherer Betrachtung verständlich. Der Amateur geht einem Beruf nach, der seinen Tagesablauf ausfüllt. Das läßt ihm wenig Zeit für seinen Reitsport, oft kommt er nur zwei-, dreimal in der Woche dazu. Dann geht es aber zur Sache, denn Tagesfrust und Bewegungswunsch machen ihn zum »Triebtäter«. Oft bleibt das Pferd während der übrigen Zeit in der Box oder wird nur leicht bewegt. Das führt zu Maximalbelastungen des Bewegungsapparats, wenn dann der Organismus gefordert wird. In der harmonischen täglichen Submaximalbelastung des Bewegungsapparats liegt das Geheimnis des wohltrainierten Pferdebeines (engl.: »Fitness is the way to ban the rap«).

Durchschnittlich geht ein Schulpferd vier Stunden am Tag im Schulbetrieb.

Tagesfrust und Bewegungswunsch machen den Amateurreiter zum »Triebtäter«.

Spitzensport

Um in den Kader zu gelangen, muß man einen beschwerlichen Weg beschreiten.

In der FN werden die Spitzensportler als Kadermitglieder geführt. Sie repräsentieren den Spitzensport im internationalen Bereich. Um in den Kader zu gelangen, muß man einen beschwerlichen Weg beschreiten. Die Kriterien sind neben Formbeurteilungen, die zweifellos immer subjektiv sind, Geldgewinne. Die Kadermitgliedschaft wird durch die Fachausschüsse geregelt. Durch meine mannschaftstierärztliche Tätigkeit hatte ich das Glück, mit vielen erfahrenen Trainern zusammenarbeiten zu können. »Micky« Brinckmann – der Klassiker und ein Vertreter der Alten Schule – hat die Geschicke der Springreiterei bis 1977 geleitet. Ihm folgte Alwin Schockemöhle, dem sein Privatleben und Engagement mit eigenen Pferden wichtiger war als Verbandsarbeit. Alwin – als aktiver Reiter lange Jahre als »Champion ohne Titel« bezeichnet – beendete seine Reiterkarriere auf der Höhe des Erfolgs nach der Olympiade im Mai 1977 während des Turniers in Mannheim nicht ganz freiwillig. Ich kann mich noch sehr gut erinnern, wie ich – als seinerzeit für Alwins Pferde verantwortlicher Tierarzt – auf einer abendlichen Praxisfahrt diese Meldung im Radio vernahm. Jahrelange Rückenschmerzen und möglicherweise auch Motivationsprobleme nach dem Goldmedaillengewinn in Montreal forderten ihren Tribut. Alwin ist einer der höchstqualifizierten Fachleute im Springsport. Dieses Know-how konnte er auch an seinen Meisterschüler Gert Wiltfang weitergeben, der Alwin gegenüber eine gewisse Hörigkeit zeigte, die ihm jedoch zum Vorteil gereichte. So gelang ihm auch 1978 der Gewinn der Weltmeisterschaft in Aachen. Es soll auch erwähnt werden, daß Gert Wiltfang 1979 mit »Roman« Deutscher Meister und Europameister wurde und darüber hinaus auch noch das Hamburger Derby gewann. Die Dopingregeln steckten zu diesem Zeitpunkt noch in den Kinderschuhen. »Roman« – das Ausnahmepferd dieser Epoche – war ein braves Pferd mit einem großen Herzen und einem klaren Kopf. Gert, immer versucht, ein bißchen zu tricksen und an die medikamentöse Leistungs-beeinflussung glaubend, hatte am Sonntagmorgen vor dem WM-Finale in Aachen 1978 ein moralisches Tief, da er nach dem Morgentraining kein gutes Gefühl auf »Roman« hatte. Die Tatsache, daß Alwin und ich ihm suggerierten, daß es dafür eine Spritze gäbe, setzte Kräfte in Gert frei und ist für mich der eindeutige Beweis dafür, daß die »psychologische Kampfführung« auch im Spitzenpferdesport nicht zu unter-schätzen ist. Es sei auch noch daran erinnert, daß, hätte sich nicht Alwin im Finale beim Abreiten sozusagen dazwischen-geworfen, weil Gert nach dem Klingeln noch einen Sprung machen wollte, alle Mühen umsonst gewesen wären.

Hier noch ein anderes Erlebnis aus meiner mannschaftstier-ärztlichen Tätigkeit. Auf der Olympiade in Seoul – zweifellos die erfolgreichste Olympiade aller Zeiten für die deutsche Rei-terei – oblag mir die Einteilung der Stallnachtwache. Prinzi-piell war vereinbart worden, daß die Pfleger, deren Pferde am nächsten Tag zum Wettbewerb antreten mußten, die Nacht vorher ausschlafen konnten. Da die Military die erste Diszi-plin war, übernahmen die Pfleger der Spring- und Dressurrei-ter die Nachtwache. Als dann die Dressurprüfungen anstan-den, teilte ich mich auch für einen Nacht-Notdienst ein. Solche Maßnahmen sind Bestandteil meiner Philosophie, sich als Tierarzt mit den Pflegern zu solidarisieren. Es besteht näm-lich kein Zweifel, daß der Pfleger der wichtigste Mann im Umfeld des Pferdes ist; er ist sozusagen der »Stimmungs-macher« für dessen Psyche und Leistungsbereitschaft. Für den Tierarzt – besonders für den Mannschaftstierarzt – ist es aus-gesprochen wichtig, einen engen Kontakt mit den äußerst individuell veranlagten Pferdepflegern zu haben. Die Betreuer der Toppferde sind ohnehin meistens Einzelgänger, und es ist schwer an sie heranzukommen. Über diese Solidarisierungs-schiene vermag man noch mehr Insiderkenntnisse zu erwer-ben als durch akademisches Statusdenken. Zu meiner Überra-schung war ich bei meinem Nachtdienst nicht allein: Trotz anderslautender Absprachen schliefen die Pfleger vor den Boxen ihrer Dressurpferde. Sie trauten einander nicht! Sollte das der vielzitierte Teamgeist sein?

Der Spitzensport kommt ohne die Sportmedizin nicht mehr aus. Sportarzt zu sein bedeutet aber nicht allein, mit dem Köf-ferchen auf das Spielfeld zu laufen. Der Sportmediziner wird viel früher zu Rate gezogen. Jeder Fußballer, der heute für viel Geld den Verein wechselt, muß sich einer gründlichen sport-

Es besteht kein Zweifel, daß der Pfleger der wichtigste Mann im Umfeld des Pferdes ist.

Der Spitzensport kommt ohne die Sportmedizin nicht mehr aus.

Untersuchung unterziehen (auch TÜV genannt). Das ist bei Pferden nicht anders. Wenn Reiter ihr Pferd ohne Ankaufsuntersuchung verkaufen wollen, erscheint das Verkaufsgebaren schon suspekt. Der Pferdeveterinär, für den die tierärztliche Berufsordnung leider keine gesonderte Ausbildung vorsieht, ist häufig aber auch Selektionshelfer. Bei der Benennung der Mannschaft für ein Championat wird seinem Rat die entscheidende Bedeutung beigemessen. Damit macht sich der Mannschaftstierarzt nicht gerade beliebt.

Der Pferde-veterinär ist häufig auch Selektionshelfer.

Wir haben 1984 den am letzten Tag vor dem Abflug zu den Olympischen Spielen in Los Angeles lahmenden »Fire« von Norbert Koof mitgenommen. Das geschah erstens, weil wir aufgrund der bestehenden Transportbestimmungen keine Chance mehr hatten, ihn zurückzulassen, andererseits aber auch, weil wir der Meinung waren, daß wir das Pferd noch fit bekommen würden. Es hat nicht sollen sein: »Fire« blieb lahm und wurde sportlich ungeprüft wieder zurückgeflogen. Ähnliche Probleme gibt es bei jeder Selektion. Das Prinzip, daß nur einwandfrei gesunde Pferde eine Chance haben, die schwierigen Prüfungen heil zu überstehen, hat sich Gott sei Dank durchgesetzt.

Das ist die eine Seite der Sportmedizin, die andere ist sicher die Betreuung der Athleten. Auch hier existieren unterschiedliche Gesichtspunkte und ethische Barrieren. Einerseits ist bekannt, daß im Hochleistungssport beispielsweise das Immunsystem bei Mensch und Pferd reduziert arbeitet (Doktorarbeit von Olympiasieger Dr. Matthias Baumann), andererseits werden bei der sportlichen Anstrengung Substanzen – vor allem Vitamine, Elektrolyte und Spurenelemente – verbraucht, die im Alltag niemals abgebaut werden. Ein Pferd verliert in einer Militaryprüfung bis zu 35 kg, der größte Teil davon sind Wasser und Elektrolyte. Die Frage sei erlaubt, ob man einem Tier, dessen Verband ihm eine solche Prüfung zumutet, nicht nach der Prüfung diese Substanzen wieder zuführen darf? Das nennt man Substitutionstherapie. Führt man diesen Gedankengang weiter und fragt sich: Was passiert denn mit dem Gelenksknorpel, der durch den Wettbewerbseinsatz degeneriert? Darf ich dann nicht Mittel spritzen, die ihn regenerieren können? Hierbei ist zu erkennen, daß die Grenzen zwischen Therapie und Doping fließend sind.

Substitutions-therapie

Die Fortschritte der Funktionswiederherstellung sind groß. Die anatomischen und funktionellen Belastbarkeitsgrenzen sind seit vielen Jahren gleich geblieben (Breakeven point). Die

Belastungen und Beanspruchungen sind jedoch durch die ganzjährigen Turniere und Turnierfolgen (Grand Slam, Triple Crown etc.) deutlich gestiegen. Operative Eingriffe werden nicht mehr dann ausgeführt, wenn sie zeitlich angezeigt erscheinen, sondern in den Wettkampfpausen. Unter Beachtung der »therapeutischen Lieferfristen« werden die Pferde in den »sportmedizinischen Reparaturwerkstätten« geheilt.

Paradoxerweise gehen viele Verletzungen auf die bessere medizinische Versorgung zurück. Durch Fortschritte wie die Arthroskopie und das so früh wie möglich wieder beginnende Bewegungstraining haben sich Heilungschancen und -tempo deutlich verbessert. Durch die Beschleunigung der Heilung wird das Körperkapital schneller reaktiviert, aber langfristig gefährdet man es. Je kürzer die Regeneration, desto höher der Verschleiß. Die Fortschritte in der Funktionswiederherstellung fördern ein Ersatzbewußtsein. Was kaputt ist, wird repariert. Weil man damit umgeht, als wäre es nie kaputt gewesen, geht es oft wieder kaputt. Das nennt man dann Folgeverletzungen. Der Grat der Sportmedizin ist ein schmaler. Darin unterscheiden sich Human- und Veterinärmedizin in keiner Weise. Doch da ist ein kleiner Unterschied: Beim Pferd gibt es keine Placebos, und es kann sich gegen eine Therapie nicht wehren.

Paradoxerweise gehen viele Verletzungen auf die bessere medizinische Versorgung zurück.

Die Tierärzteschaft

Wir haben es mit einer akademischen Berufsgruppe zu tun, die angeblich sehr konservativ sein soll. Das ist nur noch bedingt richtig. Aufgrund der Gegebenheiten der Nachkriegszeit und die in der Lehre uneinheitlichen Auffassungen konnte sich die Veterinärmedizin in bezug auf das Pferd nur sehr schwer festigen. Das Pferd verlor nicht nur zahlenmäßig an Bedeutung. Von der Ausbildung her gesehen standen die Nutz- und Schlachttiere deutlich im Vordergrund. Erst Anfang der sechziger Jahre richteten sich die deutschen Hochschulen so langsam wieder auf Pferde ein. Zu diesem Zeitpunkt waren aber über 20 Ausbildungsjahre verloren gegangen, das heißt die Tierärzte, die während dieser Zeit studiert haben, konnten hochschulmäßig nicht mit dem Rüstzeug für den Umgang mit Sportpferden ausgestattet werden. Die Initiative der Fachausbildung Pferd war mehr oder weniger dem privaten Engagement überlassen. Diese Bildungslücke ist von den Tierärzten lange nicht überwunden worden. Die autodidaktisch weitergebildeten Kollegen verfügen nicht über das adäquate Handwerkszeug wie ein perfekt ausgebildeter Pferdetierarzt in den USA, in England oder Holland, um mit der explosiven Entwicklung des Sports Schritt halten zu können.

Der Beruf des Pferdetierarztes wird vor allem wegen seiner häufig kräftefordernden Arbeit nicht ohne Grund als reine Männersache angesehen. Nach dem Krieg gab es weniger als 20 % Frauen in diesem Beruf, heute ist es genau umgekehrt. 1993 waren 80 % der Studienanfänger weiblichen Geschlechts; 73 % von ihnen geben an, Pferdetierarzt werden zu wollen. Bedingt durch Überkapazitäten können wir ohne weiteres von einer »Tierarztschwemme« sprechen, wobei durch Rationalisierung und Überproduktion von Fleisch (»Schweineberg«) die Landpraxis – lange Jahre die Basis dieses Berufsstandes – fast völlig zum Erliegen gekommen ist. Auch haben Kälbermastskandale, Schweinepest und Rinderwahnsinn zu einer Änderung im Verhalten des Verbrauchers geführt.

Bedingt durch Überkapazitäten kann man von einer »Tierarztschwemme« sprechen.

Der Berufsstand hat sich zunehmend aber auch einige Domänen abjagen lassen: Es gibt Laienfleischbeschauer, Laienbesamer usw., und das Mittel für die Wurmkur wird auch nicht mehr beim Tierarzt, sondern in der nächsten Apotheke abgeholt. Außerdem haben sich die Pferdetierärzte fachliche Nischen ebenfalls zum Teil von Laien abnehmen lassen, wenn man an die Zahnversorgung bei Pferden oder chiropraktische Maßnahmen denkt. Auch die durchaus probate Akupunkturmethode liegt eher in den Händen von Tierheilpraktikern als bei den schulmedizinisch ausgebildeten Tierärzten. Die Massentierhaltung und die Kalkulation mit Bruchteilen von Pfennigen läßt in vielen Fällen nur die Alternative Tötung oder Schlachtung zu, weil jegliche tierärztliche therapeutische Maßnahme die Kalkulation über den Haufen werfen würde.

Überhaupt müssen wir am internationalen Maß gemessen ganz schöne Abstriche machen. Die Zeiten, in denen unser Fachgebiet weltweit von deutschen Vertretern repräsentiert wurde, sind lange vorbei. Nach dem Zweiten Weltkrieg erschienen die skandinavischen veterinärmedizinischen Lehrbücher in deutscher Sprache. Heute ist die wissenschaftliche Sprache Englisch, was zumindest den Vorteil einer allgemeinen Verständlichkeit hat.

Die Zeiten, in denen das Fachgebiet des Pferdetierarztes weltweit von deutschen Vertretern repräsentiert wurde, sind lange vorbei.

Ich bin einer Einladung der Justus-Liebig-Universität in Gießen nachgekommen, um eine Probevorlesung im Zusammenhang mit der Besetzung des Lehrstuhls für Pferdechirurgie zu halten. Bei dieser Gelegenheit habe ich die Einrichtungen dieser traditionellen Hochschule inspiziert. Bei dem sich anschließenden Gespräch vor dem Berufungsausschuß wurde ich gefragt, wie ich mir im Falle einer Berufung die Durchführung vorstellen würde. Ich meinte, daß mindestens 2 Millionen DM notwendig wären, um das Hochschulniveau auf das einer maximal eingerichteten Pferdeklinik anzuheben. Ich brauche nicht hervorzuheben, daß weder die Mittel – nicht einmal ein Teil davon – noch die Bereitschaft vorhanden waren, dies in die Tat umzusetzen. Das ist eine traurige Bilanz, weil damit auf Jahre hinaus das Gebiet der Pferdemedizin in Deutschland in Lehre und Forschung »second hand« bleiben wird. Ich möchte aber darauf hinweisen, daß dies eher ein politisches als ein personelles Phänomen ist. Der Staat gibt nichts mehr für die Forschung aus!

Das tierärztliche Bildungsloch betrifft nicht so sehr den Spitzensport, denn die Pferde im europäischen Spitzensportbereich werden ohnehin nur von einer Handvoll spezialisierter

Der Staat gibt nichts mehr für die Forschung aus!

Tierärzte betreut. Dabei spielen Distanzen keine Rolle mehr: Diese Tierärzte fahren pro Jahr 100 000 km mit dem Auto und erholen sich meistens während ihrer Flugreisen. Beim Wert der Pferde spielen Veterinärkosten keine Rolle mehr. Alwin Schockemöhles »Warwick Rex« verschlang bereits im Olympiajahr 1976 Tierarztkosten in Höhe von 65 000 DM. Von einem Trainer erwartet man, daß er nur eine Mannschaft betreut; Der Toptierarzt betreut in der Regel mehrere Teams. Das hat sich jedoch im Verlauf der letzten Jahre geändert. Die Geheimniskrämerei ist so groß, daß bei vielen Reitern der Verdacht besteht, daß die Tierärzte »aus der Schule plaudern«, weswegen man sich lieber seinen eigenen Tierarzt sucht. Geld spielt dabei keine Rolle. Der belgische Veterinär-Tycoon Dr. Leo Debaker unterzeichnete einen Vertrag mit dem mexikanischen Stall La Silla und seinem Sponsor Alfonso »Poncho« Romo. Dr. Debaker behielt sich allerdings vor, sechs Stallungen in Europa noch weiter betreuen zu dürfen.

Die Prämisse des Dr. Debaker ist es, seine Patienten unter allen Umständen an den Start zu bringen.

Dieser Kollege, der, um sich unverzichtbar zu machen, eine Aura um sich aufgebaut hat, bereitet den Organisatoren und der FEI einige Probleme. Seine Prämisse ist es, seine Patienten unter allen Umständen an den Start zu bringen. Die Aufbauspritze beim Turnier gehört zur Betreuung. Es verwundert nicht, daß immer die Anlehnung an die Humanmedizin gefordert wird. Wie oft hört oder sieht man im Fernsehen, daß der eine oder andere Sportler nur durch eine Spritze seinen Start wahrnehmen konnte. Schließlich sind Lokalanästhetika und ein großer Teil der Nicht Steroiden Entzündungshemmer (Aspirin etc.) offiziell im Humansport erlaubt.

Es ist nicht einfach für die im Spitzensport arbeitenden Tierärzte, Berufsethos und Leistungsdruck miteinander zu verbinden. Bei dem herrschenden Leistungsdruck besteht die Gefahr, ein Pferd für eine Topprüfung »fit zu spritzen«. Einige Pferde, die Insiderinformationen nach für die Finalprüfungen in Barcelona fit gemacht wurden, haben mehr als ein halbes Jahr nach der Olympiade pausieren müssen. Prof. Wildor Holmann – langjähriger Leiter des Instituts für Kreislaufforschung der Sporthochschule in Köln – erhob vor den Humansportmedizinern immer wieder den warnenden Finger. Er forderte die Distanzierung der Ärzte von diesen Machenschaften und verlangte vor allem, sie sollten sich nicht als Leistungsdiener der Athleten abqualifizieren lassen.

Pferdetierärzte sollten sich nicht als Leistungsdiener der Athleten abqualifizieren lassen.

Das Arzneimittel-Gesetz

Ich bin sicherlich nicht der erste, der die glorifizierte und vor allem von deutscher Seite hofierte Europäische Union mit kritischen Augen betrachtet. Einen allgemeinen Aufschrei wird es gewiß geben, wenn Länder mit harter Währung – vor allem Deutschland und England – bemerken, daß der Inbegriff von Wertstabilität, die Deutsche Mark oder das Englische Pfund, plötzlich anders benannt und der deutsche ECU beispielsweise genauso gehandelt wird wie der portugiesische oder italienische. Der derzeitige Bundeslandwirtschaftsminister Jochen Borchert aus Bochum (übrigens ein Nachbar von mir) hat einmal gesagt: »In der Politik müßte gelten, was in der Medizin gilt: Wer nicht aufklärt, haftet.« Herr Borchert: Dann müssen auch Sie haften!

So ähnlich muß die Situation nach der Einführung des neuen Arzneimittelgesetzes (AMG) auch gesehen werden. Was hat nun das AMG mit dem Pferdesport zu tun? Der Tierarzt ist gemäß seines Auftrags laut der bundesweit verbindlich festgelegten Bundestierärzteordnung »berufen, Leiden und Krankheiten der Tiere zu verhüten, zu lindern und zu heilen, zur Erhaltung und Entwicklung eines leistungsfähigen Tierbestandes beizutragen ...« Dazu dienen natürlich vor allem Medikamente und Heilverfahren. Der Tierarzt ist gehalten, mit den derzeit preisgünstigsten Heilverfahren und zur Verfügung stehenden Medikamenten seine Dienstleistung auszuführen. Will er also nicht gesetzesbrüchig werden, darf er sich nur der für das Pferd zugelassenen Medikamente bedienen.

Dieser Medikamentenschatz stellt ungefähr 15% der pharmakologischen Substanzen dar, die tatsächlich am Pferd angewendet werden. Der Rest stammt aus der Humanmedizin oder von Tiermedikamenten, für die eine Zulassung besteht. Praktisch gesehen bedeutet das, daß sämtliche humanmedizinischen Pharmaka von nun an beim Pferd nicht mehr angewendet werden dürfen. Dazu gehören auch alle Augensalben (es existiert überhaupt keine Augensalbe für Pferde), Infusionen, Inhalationsnarkotika, Salben, Tinkturen etc. Erwähnenswert sind auch alle Pharmazeutika, die im Falle eines Narkosezwischenfalls verabreicht werden müssen. Auch diese sind aus der Humanmedizin entlehnt.

Jeder im Sinne der Berufs- ordnung arbeitende Tier- arzt, der eine Narkose beim Pferd mit Präparaten der Humanmedizin durchführt, verstößt gegen das Gesetz und macht sich straffällig.

Weltweit basieren die Erkenntnisse der risikoarmen Narkose auf der Anwendung von Halothan oder Isoflurane. 99 % aller Vollnarkosen beim Pferd werden mit diesen Narkotika vorgenommen. Diese Substanzen sind aber auch Humanpräparate – also verstößt jeder im Sinne der Berufsordnung arbeitende Tierarzt, der eine Narkose beim Pferd durchführt, gegen das Gesetz und macht sich straffällig. Der erste Haftpflichtprozeß ist so gut wie vorprogrammiert. Wenn ein Pferd in der Narkose stirbt, was trotz aller Vorsichts- und Überprüfungsmaßnahmen vorkommen kann, diese Narkose mit dem nur für die Humanmedizin zugelassenen Halothan durchgeführt wurde und der Pferdebesitzer »Lunte riecht«, möchte ich den Richter sehen, der dem Tierarzt recht gibt.

An alle Tierärzte und Pferdebesitzer: Es besteht ein therapeutischer Notstand, wenn die beschriebenen Gesetzesbestimmungen nicht unverzüglich im Sinne des Pferdes geändert werden! Gleichwohl steht dieses Verbot in krassem Gegensatz zu den in der Berufsordnung festgelegten Richtlinien.

Gemäß der EU-Einschätzung handelt es sich beim Pferd um ein Tier, das der Lebensmittelgewinnung dient. Die Alternative, daß ein Pferd heutzutage in der Mehrzahl als reines Freizeit- bzw. Sportobjekt gesehen wird, hat der Gesetzgeber nicht beachtet. Und für Tiere, die als Schlachttiere wie Rind und Schwein gesehen werden, gilt – wahrscheinlich mit Hinblick auf die Mastskandale – dieses Regelwerk. Verstöße werden mit Gefängnis bestraft.

Vereinzelte Reaktionen betroffener Pferdepraktiker vermögen nicht über die Unfähigkeit des Berufsverbandes der praktizierenden Tierärzte (BpT) hinwegzutäuschen, daß die gesamte Lobby des tierärztlichen Heilberufes für Pferde geschlafen hat. Wieso konnte die antiquierte Hundefleischbeschau abgeschafft werden und damit der Hund aus der Zielgruppe herausfallen?

Die Dimension der Auswirkungen der AMG-Regelung ist zum jetzigen Zeitpunkt (noch) nicht zu überschauen.

Parcoursbau und Boden

Ohne Zweifel ist der Parcoursbau in den vergangenen Jahren pferdefreundlicher geworden. Abmessungen wie in Montreal, wo das letzte Mal bei Olympischen Spielen die Ausmaße innerhalb des Reglements völlig ausgereizt wurden, sind Gott sei Dank zumindest für den Augenblick passé. Der Parcoursbau ist im Hinblick auf Linienführung, delikate Auflagen, Farbeinwirkung und Distanzen gezielter geworden. Tatsächlich ist man auch versucht, den Reiter mehr in die Verantwortung zu nehmen, die »Pferdesprungmaschinen« der sechziger und siebziger Jahre gehören der Vergangenheit an. Diese Pferde (»Meteor«, »Diamant«, »Donald Rex«, »Warwick Rex« etc.) verfügten über ein überdurchschnittliches Sprungvermögen, waren allerdings nicht sehr vorsichtig, was jedoch bei den Auflagen und Stangen der damaligen Zeit nicht störte.

Nach meiner Einschätzung gibt es nur etwa zehn Parcoursbauer auf der ganzen Welt, die über das »Händchen« verfügen, Reiter und Pferd vom ersten Tag der Veranstaltung an so einzuschätzen, daß weder 30 Nullrunden im ersten Springen auftreten noch die Akteure zu Boden gehen. Aber auch hier mußte oft erst »das Kind in den Brunnen fallen«, bevor Änderungen vorgenommen wurden. In der Wembley-Halle in London wurde ein spektakulärer Wall aufgebaut, wie er bis dahin nur aus Millstreet/Irland bekannt war. Nachdem sich ein tragischer Unfall mit Todesfolge für das Pferd ereignet hatte, hat die FEI Wälle dieser Art in der Halle verboten.

Speziell im Parcoursbau kann man nicht alles reglementieren, um so mehr Gefühl muß ein Parcoursbauer haben. Genauso wichtig ist eine sorgfältige Ausbildung. Ein erfolgreicher Reiter gewesen zu sein genügt ebensowenig, wie nur einen internationalen Parcours pro Jahr zu bauen. Ein Könner dieses Fachs mit einem ganz steilen Aufstieg ist Olaf Petersen, der schon alle großen Prüfungen der Welt gebaut hat. Seine Parcours zeichnen sich durch anspruchsvolle Linienführung und

Speziell im Parcoursbau kann man nicht alles reglementieren.

durchdachte Distanzen aus. Wie sie wegen der bunten Flecken als »Micky-Mouse-Parcours« betitelt wurden, bezeichnete er den Olympiaparcours in Barcelona als »Mondkraterlandschaft«.

»Wer vieles bringt, wird manchem etwas bringen...«, so heißt es in Goethes Faust I. Da es schwer ist, ständig kreativ und abwechslungsreich zu sein und gleichzeitig über eine einheitliche Linie zu verfügen, muß sich die »Primadonna« bei den Parcoursbauern davor hüten, überall tätig zu werden. Viele vermeintlich moderne »Course-Designer« haben sich aus diesem Grund rasch überlebt. Ich kann mich jedenfalls noch gut an die Anfänge von Olaf Petersen erinnern, der mich bat, bei Ghadafi vorstellig zu werden, weil er in Tripolis bauen wollte (was übrigens gelang und zu einem großen Erfolg wurde, weil ein Libyer auf der Ex-Paul-Darragh-Stute »Hanaa ex Doreen« den Großen Preis gewann). Nun kann Olaf Petersen seine Erfahrungen im Springausschuß der FEI einbringen, wo Kreativität gefordert ist. Die vorläufige Krönung seiner Karriere dürfte für Petersen die Benennung als sogenannter »Overall Technical Delegate« für alle drei Disziplinen bei den Olympischen Spielen in Atlanta sein. Damit wird ihm eine entscheidende Aufgabe für das Gelingen der Spiele zukommen.

Olaf Petersen unterteilt den Parcoursaufbau in drei Komponenten:

1. Konstruktion der Hindernisse
   Abmessung (Höhe/Breite)
   Optik (massiv, luftig)
   Auflagen- und Stangenmaterial
2. Linienführung
3. Distanzen

In allen drei Komponenten hat in den letzten 20 Jahren ein Umdenken stattgefunden. In Los Angeles stand 1932 noch ein 1,50 m hohes Gatter als Oxer, das nicht abwerfbar, sondern nur umwerfbar war. Der Kanadier Tom Gayford baute in Montreal 1976 13 (!) Oxer mit einer Breite von 2 m – alle zwischen 1,55 m und 1,70 m hoch. »Micky« Brinkmann baute besonders um die Zeit der Olympiade in München 1972 besonders gerne Hoch-Weit-Sprünge und konstruierte zwischen Einzelhindernissen nur klare Distanzen. Bill Steinkraus, der große amerikanische Reiter, Hippologe und selbst mehr-

Der Kanadier Tom Gayford baute in Montreal 1976 13 (!) Oxer mit einer Breite von 2 m.

110

facher Olympiareiter, kommentierte 1976 den Olympiaparcours folgendermaßen:
»Die FEI hat den Springsport entarten lassen, indem sie übersteigerte Hindernisabmessungen zum Bestandteil des olympischen Programms machte. Wenn die teilweise grauenhaften Stürze nicht endlich zur freiwilligen Umkehr führen, muß man wirklich hoffen, daß noch stärkere Proteste der Öffentlichkeit diese endlich erzwingen. Selbst olympische Aufgaben müssen wieder zu einer Prüfung von Reitern und Pferden werden, statt zu einer Materialschlacht hauptsächlich der Pferde.«
Offensichtlich haben diese kritischen Stimmen gefruchtet, so daß man heute feststellen kann: Wenn die besagten zehn Parcoursbauer Weltmeisterschaften und Championate aufbauen, besteht eine größtmögliche Gewähr, daß diese Damen und Herren »den Parcours im Griff« haben.
In der zweiten Hälfte der siebziger Jahre setzte sich eine neue Philosophie durch, nämlich nicht mehr nur höher und breiter zu bauen, sondern mehr Aufgabenstellungen an den Reiter heranzutragen. Er sollte den Beweis erbringen, daß er jederzeit die Kontrolle über sein Pferd hat, daß er die Galoppsprünge verlängern oder verkürzen kann; er sollte Distanzen richtig analysieren und für sein Pferd entsprechend besser lösen können. Die Devise lautete: »Dem besser gerittenen Pferd die bessere Chance.« Distanzaufgaben sollten aber auch nicht übertrieben werden. Zwei bis drei sind genug für ein internationales Springen. Harmonie und Rhythmus müssen auch für den Zuschauer nachvollziehbar bleiben.
Wenn es in Stockholm bei den Olympischen Spielen 1956 noch zweimal diagonal und dann noch zweimal außen herum ging, gestaltete »Micky« Brinkmann doch mit besonderem Gefühl die Linienführung wesentlich abwechslungsreicher. Die Gruppe der »Course-Designer« hat sich auf Minimalanforderungen verständigt, was einen weiteren Schritt in Richtung Sicherheit von Reiter und Pferd bedeutet.

Der Reiter sollte Distanzen richtig analysieren und für sein Pferd entsprechend besser lösen können. »Dem besser gerittenen Pferd die bessere Chance.«

Hindernismaße

	Halle	Außenplatz
Länge der Stangen	3–3,50 m	4 m
Querschnitt der Stangen	10 cm	10 cm
Gewicht der Stangen	ca. 13 kg	ca. 15 kg
Auflagen	Tiefe 2,5–2,2 cm	Durchmesser 16 cm

111

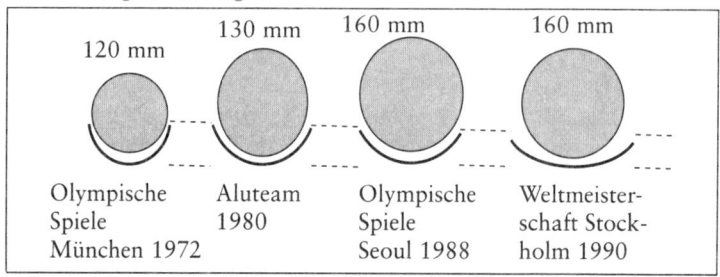

Entwicklung der Auflagen

120 mm 130 mm 160 mm 160 mm

Olympische	Aluteam	Olympische	Weltmeister-
Spiele	1980	Spiele	schaft Stock-
München 1972		Seoul 1988	holm 1990

Das Schema zeigt die Entwicklung der Auflagen. Das ist der Teil am Ständer, auf dem die Stange, die Planke oder das Gatter aufliegt. Die Tiefe der Auflage ist ein wesentliches Kriterium für die Festigkeit, die zusätzlich durch das Gewicht und den Durchmesser der Stange beeinflußt wird. Entsprechend der aufgezeichneten Entwicklung kann man erkennen, daß die Stangen heute physikalisch gesehen viel früher aus der Halterung herausfallen müssen als bis zu den siebziger Jahren. Damit zwingt man die Pferde nicht mehr dazu, kontiunierlich höher zu springen, denn der Springfehler wird früher gemacht.

Zu leicht darf die Stange allerdings auch nicht aufliegen, denn sonst besteht die Gefahr, daß sie allzu schnell aus der Halterung fällt, was wiederum dazu führen könnte, daß sie dem Pferd zwischen die Beine gerät und es stürzt.

Sicherheits-
auflage

Eine neue Entwicklung ist die sogenannte Sicherheitsauflage, bei der durch eine Krafteinwirkung von mehr als 140 kg die Stange nach unten fällt. Diese Entwicklung gewährt Pferd und Reiter zusätzliche Sicherheit.

Diese technischen Details sollen Aufschluß darüber geben, daß sich hinsichtlich der Reduzierung der Anforderungen an das Pferd tatsächlich etwas tut.

Was passiert aber am Wochenende auf kleinen Turnieren? Zunächst einmal haben wir hier keine »olympischen Abmessungen«. Darüber hinaus verfügt man mittlerweile auch im Breitensport durch systematische Schulung über eine Basis von Nachwuchsparcoursbauern, die mit den gestellten Aufgaben sehr gut zurecht kommen. Da das Hindernismaterial jedoch auch einen wesentlichen Beitrag zur Schonung der Pferde leistet, sollte daran nicht gespart werden. Allerdings ist gutes Material teuer. Bei guter und sachgemäßer Lagerung hält es dafür aber jahrelang. Eine Normalstange kann durch unsachgemäße Lagerung im Regen bis zu 50 kg schwer werden.

Für manchen kleineren Verein geht die Anschaffung eines guten Parcours an die Existenzgrenze. Hierbei und am nachfolgend beschriebenen Boden sollte aber am allerwenigsten gespart werden.

Man versündigt sich nirgends so sehr gegen das Pferd wie beim Boden. Der außenstehende Betrachter sieht nur die Unkosten. Ein guter Boden in einer 20 x 40 m großen Halle kostet mit dem entsprechenden Unterbau mindestens 30 000 DM. Es hat zahlreiche Versuche gegeben, den idealen Boden zu finden. Vom Fibersand bis zur Lederbeimischung existieren auf diesem Gebiet so ziemlich alle Variationen.

Natürlichen Rohmaterialien würde ich immer den Vorzug geben. Eine Mischung aus Sand (65 %), Lehm (30 %) und Spänen zur Auflockerung (5 %) hat sich als die ideale Lösung erwiesen. Dieser Boden kann sowohl als Trainings- als auch als Turniergrund verwendet werden. Er muß je nach Außentemperatur nicht so häufig gewässert werden und hält sicherlich mindestens fünf Jahre lang. Dann wird ein Boden »müde« und verliert seine günstigen Eigenschaften wie Elastizität, Festigkeit und Kurvenbelastbarkeit.

Ähnliche Kriterien gelten für den Außenplatz, wobei hier für eine Allwetterbelastung eine gut funktionierende Drainage unverzichtbar ist; schließlich leben wir in Breiten mit sehr vielen Regentagen.

Wie in der Military, deren Technische Delegationen vieles zur Entschärfung des Sports beigetragen haben und wo der Reiter letztlich die Verantwortung trägt, ist die Situation im Springsport nicht anders. Alle Bemühungen nützen nichts, wenn der Reiter sein Pferd »verheizt«. Um so mehr müssen Anstrengungen unternommen werden, auf die Aktiven einzuwirken und an ihre Vernunft zu appellieren. Es muß aber auch geregelt werden, daß Pferde bei einem Turnier nur gezielt eingesetzt werden können. Ich denke hier an den treuen und tapferen »Beethoven II« in Aachen Anfang der achtziger Jahre. Das Pferd ging am Mittwoch den Preis von Nordrhein-Westfalen, am Donnerstag eine weitere Prüfung, am Freitag zwei Umläufe im Nationenpreis und am Sonntag den Großen Preis, nachdem ein Einsatz am Samstag im Mächtigkeitsspringen erfolgt war. Für den Manager, Reiter und Besitzer einer solchen Einsatzpolitik müssen von seiten des Reglements Hindernisse eingebaut werden, um den Einsatz zu steuern. Auch eine entsprechende Turnierausschreibung kann diesem Mißbrauch vorbeugen.

Man versündigt sich nirgends so sehr gegen das Pferd wie beim Boden.

Kommerz und Vermarktung

Die Werbung, einst als »Schmieröl der kapitalistischen Wirtschaft« gepriesen, sieht sich heute von allen Seiten kritisch und mißtrauisch beäugt. In den vergangenen drei Jahren lagen die Wachstumsraten bei nur 3 %, nachdem sie seit Ende des Zweiten Weltkriegs jeden anderen Wirtschaftszweig in den Schatten gestellt hatten. 1950 investierten amerikanische Unternehmen 5,7 Milliarden $ in die Werbung, 1980 waren es fast zehnmal soviel: 55 Milliarden $. 1990 gab Amerika gar 133 Milliarden $ für Reklame aus – halb so viel wie das wiedervereinigte Deutschland für seinen Bundeshaushalt.

Die Herrlichkeit scheint jetzt vorbei zu sein. An Spekulationen, warum es diesmal auch von Erfolg verwöhnte Agenturen traf, mangelt es nicht. In seinem Buch »Whatever happened to Madison Avenue?« beschuldigt Martin Mayer die Industrie, eine elementare Weisheit vergessen zu haben. *Das Geheimnis der erfolgreichen Werbung* bestehe darin, den Käufer mit einer Marke vertraut zu machen. Das erfordere Geduld und einen langen Atem. Die Hektik hätte ein Klima erzeugt, in dem kaum noch etwas anderes zählt, als der schnelle Dollar. In diesem Klima könne eine beharrliche Werbung nicht gedeihen.

Andere befürchten, daß das Übel noch tiefer sitzt. Jeder amerikanische Erwachsene wird täglich mit 3000 Werbebotschaften bombardiert. Damit sei die Grenze der Aufnahmefähigkeit erreicht, heißt es. An die Stelle der natürlichen Neugier trete Überdruß – mit der Folge, daß alles, was nach Reklame »rieche« ignoriert werde. Umfragen bestätigen dies: 1986 konnten sich noch 64 % der Befragten an einen Fernsehspot erinnern, den sie in der letzten Woche gesehen hatten, 1992 waren es nur noch 38 %. Schon der legendäre Warenhausgründer John Wanamaker, einer der ersten, die sich der Anzeigenwerbung in großem Stil bedienten, pflegte zu sagen: »Ich weiß, daß die Hälfte des Geldes, das ich für Reklame ausgebe, hinausgeschmissen ist. Die Frage ist nur, welche Hälfte.«

Das Geheimnis der erfolgreichen Werbung besteht darin, den Käufer mit einer Marke vertraut zu machen. Das erfordert Geduld und einen langen Atem.

114

Die Werbebranche gibt sich aber nicht geschlagen. Sie hat ihr Instrumentarium verfeinert und die Zielgruppen analysiert – vom »survivor« am Rande des Existenzminimums bis zum »integrated«, der schon fast alles hat und dem man höchstens noch ein elektrisches Austernmesser schmackhaft machen kann oder einen Feldstecher, der die genaue Entfernung zum Golfball angibt. Einige der bedrängten Industriegruppen versuchen, sich mit ihren Gegnern zu verbünden. Brauereien finanzieren beispielsweise Anzeigen, die vor Trunkenheit am Steuer warnen; Chemieunternehmen rühmen in kostspieligen Kampagnen die Umweltfreundlichkeit ihrer Produkte. Der Tabakgigant Philip Morris spendierte nicht weniger als 60 Millionen $ für die Feiern zum 200. Geburtstag der Bill of Rights – ein zarter Hinweis auf das Recht auf Reklame, das sie verbürgt.

Unter diesem Stern steht auch der Pferdesport. Er ist medienwirksam, weil abwechslungsreich und bunt. Außerdem vermag er die Verbindung des Menschen mit einem Tier zu demonstrieren wie in keiner anderen Sportart. Durch seine Exklusivität stellt die Pferdewelt aber auch eine willkommene Zielgruppe für Luxusgegenstände dar. Moet et Chandon, Hermes, Volvo, Mercedes und Audi haben das längst entdeckt.

Der Pferdesport ist medienwirksam, weil abwechslungsreich und bunt.

Der neue Vermarkter der FEI-Rechte (Championate, Serien, Masters etc.) ist die in spanischem Besitz befindliche Firma DORNA in New York. Nach der Pleite mit der ISL (Marketing-Agentur, von Horst Dassler einstmals gegründet, offizielle Agentur der FIFA und des IOC), die selbst für überkontinentale Großveranstaltungen keinen einzigen Sponsor für die FEI finden konnte, kann man für den Sport nur wünschen, daß DORNA erfolgreich sein wird. Die Abhängigkeit der FEI kann allerdings fatal werden. Durch die Ehe mit DORNA blockiert man zum einen potentielle ortsgebundene Spnsoren, zum anderen begibt sich die FEI völlig in die Hände dieser einen Marketing-Agentur.

Unsere deutsche Reitsportführung torpediert deshalb die DORNA-Bemühungen aus den angeführten Gründen. Dabei scheint sie zu vergessen, daß Marketing-Versuche der FN bisher kläglich scheiterten und die Bindung der PMG (Pferde-Marketing-Gesellschaft) nichts anderes als eine Auslieferung an eine nationale Agentur ist, die mit genau den gleichen Risiken behaftet ist wie das Verhältnis FEI – DORNA. Mittlerweile ist es nur noch eine Frage der Zeit, wann die PMG der Deutschen Reiterlichen Vereinigung aufgelöst wird.

Mit dem Vizepräsidenten von DORNA habe ich gezielte Vorstöße zur Sponsorenfindung für die FEI unternommen. Einmal mehr kam man zu der Erkenntnis, daß Werbeträger nicht mehr so einfach aufzutreiben sind und daß vor allem unser Reitsport moderner Revisionen bedarf. Ich wurde zwar von nationaler Seite für meine persönlichen Aktivitäten bei der Sponsorensuche nicht offiziell gerügt, indirekt hat man allerdings mein Antichambrieren mit Distanz aufgenommen. Wieso sucht ein Deutscher auch Hilfe für einen internationalen Sportverband, wo es doch gerade an Sponsoren im Inland fehlt?

Der Reitsport muß für den Verbraucher verständlicher und vielleicht noch spannender gemacht werden.

Der Sport muß für den Verbraucher verständlicher und vielleicht noch spannender gemacht werden. Gerade der Nationenpreis-Modus bietet sich an, revidiert zu werden. Eine Kommission dazu ist bereits gebildet worden, stößt jedoch auf herbe Kritik der Aktiven, die gerne den bestehenden Modus aufrecht erhalten wollen.

Während im Falle des Reitsports Rezession und andere wirtschaftliche Argumente für die Zurückhaltung von Sponsoren angegeben wurden, gab Mercedes-Benz 15 Millionen DM für den Segelsport aus, und 12 Millionen DM wurden in den DFB investiert, von dem man nun wirklich nicht sagen kann, daß er am Hungertuch nagen würde. Gleichzeitig wurden aber Mittel für die Olympia-Stützpunkte in Höhe von mehreren Millionen DM gestrichen. Da fragt man sich, ob die Rezession der wahre Grund für die Zurückhaltung im Pferdesport ist. In einem verbalen Rundumschlag hat der Vorstandssprecher von Daimler-Benz, Matthias Kleinert, den Sport angegriffen. Solange der Sport sich nicht besser organisieren würde, könnten ihm keine weiteren Mittel zur Verfügung gestellt werden. Die Deutsche Reiterliche Vereinigung blieb Herrn Kleinert auch den zweckgebundenen Nachweis von Mitteln schuldig; 500 000 DM sollen angeblich von der Administration verschlungen worden sein.

Einen weiteren Annäherungsversuch habe ich bei NESTLÈ unternommen. Immerhin hat dieser Weltkonzern einen Jahresumsatz von über 200 Milliarden DM, und das Bild des jungen frischen Reiters oder der rotbäckigen Amazone könnte eigentlich ganz gut in seine Zielgruppe passen. Der Direktionsvorstand Helmut Maucher (übrigens ein Schulkamerad von mir) winkte jedoch ab.

Medien

Der Ursprung dieses Wortes kommt von dem lateinischen Wort: »medium«, worunter man heutzutage sämtliche Arten der Kommunikation (Nachrichten, Meinungen, Unterhaltung) versteht. Das System beruht auf der Ausbildung der menschlichen Sinne zu lesen, zu hören und zu beobachten (TV). Die Medienforschung ist ein wichtiger Faktor, insbesondere im Bereich der Werbung. Die Massenmedien Zeitung, Radio und Fernsehen haben in jedes Haus Einzug gehalten. Es ist wohlbekannt, daß durch Inanspruchnahme der Medien die Meinungsbildung einer Zielgruppe in jedwede Richtung manipuliert werden kann. Dieses System wurde als Instrument demagogischer Regierungen mehrfach erfolgreich praktiziert, aber auch die Werbeindustrie profitiert von diesem Effekt. Für die Pferdeleute ist es weniger interessant, ob eine Person aufgrund der Werbung dieses oder jenes Produkt kauft, aber es ist schon von Bedeutung, wenn die Volksmeinung in gewisse Richtungen beeinflußt, dirigiert oder kanalisiert wird.

Der Wettbewerbskampf innerhalb der Medien ist Bestandteil des natürlichen Wettbewerbs um einen besseren Markt. So ist es völlig normal, wenn sie nach höheren Einschaltquoten bzw. höheren Auflagen streben. Einerseits wollen die Medienvertreter ihren eigenen Stil realisieren, andererseits, wenn niemand diesen Stil will, bedeutet das den vorprogrammierten Tod des Fernsehkanals oder der Zeitung.

Berichte über eine intakte Welt würden die Auflagenstärke nicht beeinflussen. Exklusive und spektakuläre Überschriften erhöhen sie hingegen: »Bad news are good news!« Es gibt zwei Möglichkeiten für eine Auflagensteigerung.

1. Die spezialisierten Medien heben sich durch entsprechendes Fachwissen, das eine gewisse Zielgruppe interessiert, von den übrigen ab. Es sind keine großen Auflagenveränderungen zu erwarten.

Das System beruht auf der Ausbildung der menschlichen Sinne zu lesen, zu hören und zu beobachten.

»Bad news are good news!«

117

2. Die Tagesmedien vermögen ihre Auflagen durch schillernde Überschriften zu steigern (Pincess Diana, Princess of York, Krieg in Jugoslawien etc.).

Was bedeutet das für den Pferdesport? Kaum jemand wird über die tägliche Arbeit eines Pflegers oder eines Pferdebesitzers berichten, der sein Hobby mit Hingabe ausübt. Ein Hobbyreiter, der täglich ausreitet und gelegentlich an einer Jagd teilnimmt, wird kaum Anlaß für einen Artikel geben, da mit keiner Resonanz zu rechnen ist. Auch im Pferdesport machen Skandale und Extreme die Überschriften. Moral und Ethik unterliegen zeitlichen Wandlungen. Das Barren – eine Methode, die öffentlich durchgeführt und sogar in Lehrbüchern bis in die achtziger Jahre zitiert und gezeigt wurde – ist durch ein Video bis in die letzte Hinterstube des deutschen Volkes gelangt und ließ die Tierschützer Sturm laufen. Sie sahen ihre schon früher vorgetragenen Anklagen bestätigt. Aber auch innerhalb der Pferdewelt hat dieser Video-Clip zu einer Menge kontroverser Diskussionen geführt. Eine Forschungsgruppe hat festgestellt, daß die physikalische Kraft, die von der Stange auf die Gliedmaßen einwirkte, ca. 20 g aus der Höhe von 1 m darstellte. Die Kräfte, die während des Umlaufs am »schwarzen Freitag« bei der Olympiade in Barcelona auf die Beine von »Lucky Luke« einwirkten, der innerhalb der dreifachen Kombination mit den Distanzen nicht zurechtkam und die Stangen reihenweise runtertrat, waren jedenfalls um ein Vielfaches höher als »sorgfältig durchgeführtes Barren« oder das Barren mit einer Bambusstange.

Kenner der Szene aus dem Sport und den Medien behaupten, daß der Pferdesport seine Skandale selber produziere und diese gar nicht von außen hineingetragen werden müßten. Es ist richtig, daß fast alle in der Vergangenheit publizierten Skandale »hausgemacht« waren. Auch die FEI und die Nationalen Federationen haben ihren Beitrag dazu geleistet. Das Procedere der zweiten Qualifikationsprüfung in Barcelona ist eines dieser Negativbeispiele, daß der Sport seine Konflikte selbst produziert. Die Bankrotterklärung des holländischen Organisationskomitees der Welt-Reiter-Spiele eine Woche nach dem Ende der Veranstaltung war sicher nicht dazu geeignet, medienträchtige Pluspunkte zu sammeln. Man kann nicht die Medien für die Verbreitung dieser Unzulänglichkeiten schelten; das sind aber genau die Diskrepanzen, die die Medien suchen und dann prompt geliefert bekommen.

Auch im Pferdesport machen Skandale und Extreme die Überschriften.

Es ist richtig, daß fast alle in der Vergangenheit publizierten Skandale »hausgemacht« waren.

Man muß das System verstehen: Die Medienvertreter wollen auch nur ein Produkt verkaufen. Sie verkaufen Nachrichten und Informationen und unterliegen den Gesetzen des freien Markts. Nicht alle Zeitungen verfügen über pferdesportlich versierte Reporter. Man ist oft auf Informationen großer Agenturen (sid, dpa, afp, Reuter etc.) angewiesen, um keine eigenen Leute bezahlen zu müssen. Die großen Agenturen beschäftigen meistens fachkundige Reporter, die sich spezifisch um eine Sportart kümmern. Die Agenturen überwachen die Anzahl der Publikationen und zählen sie nüchtern zusammen. Wenn nun festgestellt wird, daß beispielsweise über einen längeren Zeitraum nichts mehr über den Reitsport geschrieben wurde, kann man sicher sein, daß bald eine neue Schlagzeige auftaucht, die zwar aus der Retorte kommt, aber Zugkraft garantiert. So ist das System!

Die Medienvertreter verkaufen Nachrichten und Informationen und unterliegen den Gesetzen des freien Markts.

Die Medien stellen oft des Volkes Stimme dar. Bevor mancher Verband oder manche Institution das Problem erkennt, haben die Medien die Antwort schon parat. Sie können und dürfen aber die Regeln nicht machen, auch wenn sie dies oft gerne wollten. Der Sport muß sich sein Reglement selber geben. Die Sportadministration, die Kontollorgane und die Moral müssen so stark sein, daß Unzulänglichkeiten oder Schwachpunkte gar nicht erst aufkommen können. Andernfalls müssen wir damit leben, daß erst Journalisten herausfinden müssen, daß der Weitsprung von Evangelisti während der Weltmeisterschaften 1987 in Italien von korrupten und gekauften Richtern auf 8,38 m erhöht wurde, wo er doch nur 7,95 m betragen hatte. Niemand kann deswegen die Medien schelten, wenn sie eine Geschichte daraus machen – es ist ihr gutes und verbrieftes Recht.

Der Sport muß sich sein Reglement selber geben.

An diesem System krankt der Pferdesport auch. Die Reiter, die Organisationen und sämtliche Betroffenen müssen sich vor allem selber kontrollieren, um ähnliche Storys zu vermeiden. Der Sport muß nicht aus Angst vor den Medien ein ursächliches Interesse an der Vermeidung solcher Geschichten haben, er muß vielmehr sich selber unter Kontrolle haben. Wenn wir alle den Pferdesport sauber halten, ihn selbstbewußt und kritisch analysieren und die entsprechenden Konsequenzen ziehen würden, bräuchte er nicht um seine Zukunft zu bangen, und wir könnten allen Außenstehenden gegenüber argumentieren, ohne mit dem Rücken zur Wand zu stehen. In dieser Position gleicht man dem angeschlagenen Boxer, der nur noch aus der Abwehrstellung heraus fightet.

Von unlauteren Methoden und unqualifiziertem Journalismus war bisher noch nicht die Rede. Am Beispiel »Hör Zu« sollen auch hier Verfahrensweisen der Medien betrachtet werden. In Heft 13 von 1993 war ein Bild veröffentlicht, das Anlaß zu einer Anfrage an den Deutschen Presserat gab. Dieser Bildbericht wurde mir offiziell zur Begutachtung vorgelegt. Beim ersten Hinsehen läuft es einem tatsächlich kalt über den Rücken. Ich nehme an, daß die »Hör Zu«-Leser auch nur einmal hingeschaut haben und es ihnen dann gereicht hat. Das Foto zeigte bildfüllend ein blutendes Pferdemaul.

Die Verbreitung, die Konsistenz und der pastenähnliche Charakter sprechen dagegen. Die ganze obere Zahnreihe ist mit der roten Flüssigkeit bedeckt. Blut bleibt in dieser Form niemals an den Zähnen hängen.

Nach Belastung tritt vor allem im Nüsternbereich und an der Oberlippe eine deutliche Schweißbildung auf. Diese muß weggewischt worden sein, vorausgesetzt die Schweißtropfen an der Nasenwand und am Nasenrücken sind echt, was ich aufgrund des Verteilungsmusters ebenfalls anzweifle. Wenn die Dusche zum Zwecke der »Spurenbeseitigung« benutzt worden wäre, wären Wassertropfen an der Oberlippe und an den Nüstern zu sehen. Die Dusche entfaltet nur Wirkung hinter dem Pferd, ist also auf dem Bild völlig zwecklos. Der Verlauf des Strahls beweist eindeutig eine Retuschierung.

Die Aufzäumung des Pferdes ist ein Kunstprojekt. In allen Pferdesportarten ist diese Aufzäumung verboten. Es ist ausgeschlossen, daß dieses Pferd mit dieser Aufzäumung ein Rennen gelaufen ist. Spätestens im Führring wäre es eliminiert worden. Die Aufzäumung kann also nur nach der Leistungsprüfung angebracht worden sein. Meine Gesamtbeurteilung: Das Bild ist gestellt, die Situation verfälscht wiedergegeben. Es ist in wesentlichen Punkten im Sinne der Effekthaschung nachgearbeitet.

Diese Verfahrensweise läßt neben der verlogenen fotografischen Darstellung deutlich werden, daß die Medien vor nichts halt machen. Oder wird auch hier wieder mit den sogenannten »Schwarzen Schafen«, die ja bekanntlich überall anzutreffen sind, argumentiert? Viele Dinge in unserem Sport sind unverzeihlich. Solche Machenschaften mit dem erklärten vorsätzlichen Ziel der Verunglimpfung des Pferdesports zeigen aber auch, daß wir insbesondere den Medien gegenüber wachsam sein müssen. Objektiver Sachverhalt genügt diesen oft nicht mehr. Wer kann sich – bei aller berechtigter Kritik an der Sache – nicht noch an die künstliche Geräuschkulisse der »Barr«-Videos erinnern? Noch einmal: Jeder Amateur hätte durch dieses Guckloch in der Abreitehalle der PSI-Auktion bessere Videoaufnahmen angefertigt als der gekaufte Profi. Sollte man vielleicht die Gesichter nicht erkennen?

Tierschutz

Der Tierschutz im allgemeinen ergäbe ein viele Seiten füllendes Thema, wenn wir an die Massentierhaltung oder an Tiertransporte denken. Der Tierschutz im Pferdesport nimmt aber auch einen großen Stellenwert ein. Oberstes Überwachungsorgan ist das Tierschutzgesetz in seiner Fassung vom 1. 1. 1987. Das Gesetz vermag aber nur die Rahmenbedingungen aufzuzeigen; die Forderungen des Deutschen Tierschutzvereins sind weitaus vielfältiger:

○ Gesetzliche Bestimmungen für den Umgang mit Pferden.
○ Einschränkungen des Leistungssports für Pferde.
○ Begrenzung der Turniere oder Rennen pro Pferd und Jahr.
○ Vebot von Zweijährigen-Rennen im Galopp- und Trabrennsport.
○ Verbot des Peitschen- und Sporeneinsatzes.
○ Verbot der tierschutzwidrigen Beizäumung (Kopfstange).
○ Verbot von scharfen Gebissen.
○ Verbot des Touchierens/Barrens und sonstiger tierschutzwidriger Ausbildungsmethoden.
○ Verbot des Mächtigkeitsspringens.
○ Verbesserung der Ausbildung von Pferd und Reiter.
○ Verbesserung der Kontrollen bei Turnieren (Verfassungsprüfungen, Dopingkontrollen usw.).
○ Verbesserung der Haltungsbedingungen für Pferde.

Wenn wir das Thema Tierschutz vertiefen wollen, müssen wir uns vorab generell über die Nutzung des Pferdes als Sportpferd Gedanken machen.

Dieser Katalog wurde vom Geschäftsführer des Deutschen Tierschutzbundes auf einer Tagung im Februar 1993 in Stuttgart präsentiert. Die Liste ist lang, und sie scheint tatsächlich alle Forderungen der Tierschützer zu beinhalten.
Wenn wir das Thema Tierschutz vertiefen wollen, so müssen wir uns natürlich vorab generell über die Nutzung des Pferdes als Sportpferd Gedanken machen. Obwohl auch kontrovers diskutiert, darf man davon ausgehen, daß das Pferd bei einer artgemäßen Ausbildung unter Berücksichtigung der naturgegebe-

nen Dispositionen und angeborenen Verhaltensweisen generell über eine biologische Eignung verfügt, die seine grundsätzliche Verwendung als Reitpferd erlaubt. Ich möchte an dieser Stelle nicht darauf eingehen, ob ein Sattel aufgelegt werden darf oder nicht. Tierschutzaktivisten sehen im Auflegen des Sattels oder dem Anlegen einer Trense bereits eine tierschutzrelevante Tat.

Ich unterscheide folgende Personengruppen:

○ Menschen, die tagtäglich mit Tieren umgehen, sei es in der Hunde- oder Pferdehaltung
○ Tierschützer
○ Tierschutzaktivisten

Bei der **Pferdehaltung** geht man mit seiner Entscheidung einen erweiterten Pflichtenkatalog ein. Das Pferd muß mindestens dreimal am Tag gefüttert werden, der Mist muß entfernt, die Hufe müssen ausgekratzt, und das Fell muß gestriegelt werden. Das Pferd muß jeden Tag mindestens eine Stunde bewegt werden. Wer in Urlaub fährt oder krank ist, muß für eine Ersatzperson Sorge tragen, die diese Aufgaben übernimmt. Die Passion der Pferdehalter muß sehr groß sein, da sie auf viele andere Freizeitalternativen verzichten. Das sind die wirklichen Tierliebhaber!

Im Tierschutzgesetz können nicht alle Varianten tierschutzwidriger Handlungen aufgeführt werden. Deshalb ist der § 1 auch sehr weitläufig gefaßt: »Keiner darf einem Tier ohne vernünftigen Grund Schmerzen oder Leiden zufügen.« Lange Jahre haben die Tierschutzorganisationen den Verbänden die tierschutzrelevanten Aufgabenstellungen überlassen. Das nehmen heute Gesetzgeber und Tierschutzverein nicht mehr so ohne weiteres hin. Erfahrungen der **Tierschützer** mit den Organisationen haben die Notwendigkeit dieser Maßnahme bestätigt. Besonders schwierig wird es jedoch, wenn die Tierschützer in traditionelle Ausbildungsdetails oder in Verfahrensordnungen des Sportgeschehens eingreifen wollen. Sachliche Diskussion und das Beharren auf gesundem Menschenverstand haben sich hier als vorteilhaft erwiesen. Man muß sich an einen Tisch setzen – wie vielfach geschehen –, und man darf die Gespräche auch aus Frust nicht abreißen lassen.

Tierschutzaktivisten aus radikalen Kreisen schrecken nicht davor zurück, Bomben zu legen, Buttersäure auf Tribünen zu

Im Tierschutzgesetz können nicht alle Varianten tierschutzwidriger Handlungen aufgeführt werden.

verspritzen oder über Nacht eine Militarystrecke (wie 1994 in Achselschwang) abzubauen. Es gab auch Personen, die sich an Hindernissen festgekettet haben oder gar Drahtseile über Wasserhindernisse gezogen haben. Diese Personengruppe genießt nur Ächtung bei den Sportlern. Diese Menschen fordern aber noch mehr: Sie postulieren zum Beispiel die Menschenrechte für Affen und die völlige Abschaffung des Pferdesports. Hierzu sei ein Beispiel angeführt, das nach durchschnittlicher mitteleuropäischer Denkweise völlig absurd ist und den wahren Tierschutzgedanken zutiefst mißachtet.

Es gibt Personengruppen, die fordern die Menschenrechte für Affen und die völlige Abschaffung des Pferdesports.

Der Frankfurter Flughafen ist ein großer Umschlagplatz für Tiertransporte. Neben allerlei exotischem Getier werden auch viele Pferdetransporte über den Rhein-Main-Flughafen abgewickelt. Die Lufthansa beförderte im Herbst 1994 drei Pferde von Melbourne über Hongkong nach Frankfurt. In Sharjah bereits informierte einer der Begleitpersonen den Flughafen in Frankfurt, daß sich ein Pferd auf dem Transport verletzt hätte. Der angeforderte Tierarzt Dr. Wiesenecker wartete bei der Landung um 23 Uhr schon auf dem Vorfeld. Der Pferdecontainer wurde unverzüglich abgeladen und in die Lufthansa-Quarantäneabteilung gefahren. Der Schaden und die Verletzungen an dem betroffenen Pferd konnten erst jetzt in vollem Umfang erkannt werden. Neben zahlreichen Hautabschürfungen und offenen Wunden war auch ein Gelenk eröffnet, aus dem sich Gelenksflüssigkeit nach außen ergoß. Außerdem litt das Pferd nach diesem 29-Stunden-Flug unter extremer Erschöpfung.

Der zugezogene Tierarzt sah eine sofortige Verbringung in seine in der Nähe des Flughafens befindliche Klinik als dringend notwendig an. Der Zoll wurde informiert, der auch seine Genehmigung zum Transport in die Klinik umgehend gab. Unmittelbar im Anschluß rief die zuständige Amtstierärztin Frau Dr. Timme in der Quarantänestation an. Dr. Wiesenecker erläuterte ihr sachlich die Angelegenheit. Frau Dr. Timme gab Anweisung, daß das Pferd erst abtransportiert werden könne, wenn die Veterinärpapiere fertig wären und sie persönlich das Pferd gesehen hätte. Dr. Wiesenecker und alle mit dem Pferd befaßten Personen mußten von Frau Dr. Timme zur Kenntnis nehmen, daß Veterinärinspektionen nur in den dafür vorgesehenen Zeiten zwischen 8 und 22 Uhr möglich seien. Aus diesem Grund müsse das Pferd über Nacht in der Quarantänestation des Flughafens bleiben. Dr. Wiesenecker erklärte Frau Dr. Timme, die sich in ihrer Wohnung befand, daß er die Verantwortung für das Pferd nicht weiter übernehmen könne, wenn es ihm nicht möglich wäre, eine angemessene Behandlung vorzunehmen. Als Antwort mußte er sich anhören, dann solle er eben die Behandlung abbrechen. Auf Anfrage, ob unter den gegebenen außerordentlichen Umständen eine Untersuchung durch den Amtstierarzt nicht nachträglich erfolgen könne, kam ein deutliches »Nein«. – Das Pferd wurde so gut wie möglich versorgt, und man wartete bis zum nächsten Morgen, an dem um 8 Uhr Frau Dr. Timme erschien.

Ich bin persönlich der Angelegenheit nachgegangen, und meine Recherchen hatten folgendes Ergebnis: Die Tierärztin wollte mit ihrem Verhalten ihrer Gesinnung Ausdruck verleihen, daß sie gegen jegliche Tiertransporte opponiert. Ein wahrhaft heldenhaftes Verhalten! Die Amtstierärztin hat damit einer Kreatur vielleicht nicht wieder gutzumachenden körperlichen und seelischen Schaden zugefügt. Wenn das der Preis für das »outing« einer tierschutzbesessenen Amtstierärztin ist, dann ist hier die Justiz gefordert. Zumindest zwei Verfahren wegen Verstoßes gegen das Tierschutzgesetz waren die Folge. Der Ausgang ist zur Zeit nicht bekannt. Muß denn eine Person mit dieser Einstellung unbedingt an einer solchen Schlüsselposition beschäftigt sein, oder wird deren Einstellung durch übergeordnete Behörden in Hessen gar noch unterstützt?

Bereits 1990, als die »Barraffäre« auf vollen Touren lief, habe ich meine Bedenken – zunächst anonym – in einem Artikel unter der Überschrift »Visionen« im SID (Sport-Informations-Dienst) geäußert:

Visionen

Wir schreiben das Jahr 2010. Nach den Diskussionen Anfang und Mitte der neunziger Jahre um die Verwendung des Pferdes war 2002 die Benutzung des Pferdes als Reitpferd verboten worden, nachdem die Tierärztliche Hochschule Hannover in einem sehr aufwendig geführten Forschungsprogramm, das von den Tierschutzorganisationen finanziert wurde, festgestellt hatte, daß pro cm² 141 382 sensible Tastkörperchen sich in der Sattellage befinden und diese Tastkörperchen einen persistierenden Schmerz dem Großhirn signalisieren, sobald der Sattel aufgelegt ist. In einer zweiten Versuchsreihe wurde sogar nachgewiesen, daß der Sattel allein genügt – also auch ohne Reiter –, um einen permanenten Schmerz auszuüben.

Gebisse durften bereits seit 1996 nicht mehr verwendet werden, um so mehr hatte sich die Methode des trensenlosen Reitens, die Ende der achtziger Jahre noch als Schaubild beklatscht wurde, durchgesetzt. Das Dressurreglement hatte sich dieser Situation angepaßt, und die Dressurnoten richteten sich allein nach der Bewegungslosigkeit des Reiters, dessen Hände flach auf dem Oberschenkel zu liegen hatten. Je leiser die Zurufe zum Pferd waren, desto höher fiel die Benotung aus. Michael Klimke, der Sohn des erfolgreichen Olympiareiters Dr. Reiner Klimke, war noch 1999 ein halbes Jahr gesperrt worden, weil seine Zurufstärke kurz vor dem Höhepunkt der Prüfung – dem nahtlosen Übergang vom Trab in den Schritt – 65,3 dB (Dezibel) überschritt. Seine Rehabilitierung dauerte vier Jahre, weil er nachweisen konnte, daß er auf dem linken Ohr schlechter hörte und somit seinen eigenen Lockruf zum linken Ohr des Pferdes selber nur reduziert wahrnehmen konnte.

Das Landgestüt in Warendorf war schon 1995 abgeschafft worden, weil die Landesregierung keine Mark in den verruchten Pferdesport investieren wollte, denn die Anzahl der Bedeckungen betrug nur noch zwölf, was die Haltung völlig unrentabel machte. Die Hengste waren am 15. 2. 1995 unter großer Beteiligung der Warendorfer Bevölkerung im Warendorfer Wald freigelassen worden, wo sie jetzt als Wildpferde ihr Leben fristen. In den kalten Wintern 2003 und 2004 wurden die Pferde am Stadtrand gesichtet, und die Bevölkerung wurde über Telekom aufgefordert, Sojaschrotraufen einzurichten, damit die Tiere überleben konnten.

Im Hintergrund arbeiten die Horse-Revival-Enthusiasten, in deren Gründungsversammlung der Slogan »Das Pferd darf nicht sterben« als Leitparole ausgegeben wurde. Der Tierschutzbund der USE (United States of Europe) brauchte seit 1990 keine finanzielle Unterstützung von außen, die Tiersteuer – direkt vom Arbeitgeber einbehalten – erlaubte ihm gar, großzügige Bauten zu erstellen, obwohl ihm das verfallene DOKR angeboten wurde. Das Gelände war ja auch zu klein, denn die Boxenhaltung war 1995 verboten worden. Die Tierschutzpartei – gegründet 1990 – hatte 1992 bereits die 5%-Klausel überschritten und ist seit 2007 Koalitionspartei. West-Mecklenburg ist 2003 zur Tierzone erklärt worden, nachdem es erheblichen Parteienstreit heraufbeschworen hatte und man lange Zeit nicht wußte, wohin die Menschen aus dem Gebiet hinziehen sollten. In den Randzonen der Hauptstadt Berlin waren wegen der Fliegenplage im Jahr 1998 weitläufige Wohngebiete frei geworden, nachdem seit 1996 keine Fliegen mehr getötet werden durften und diese sich besonders in den geöffneten U-Bahnschächten einnisteten.

Die im Ausland belächelten Maßnahmen führten immerhin dazu, daß sich auf den Kanarischen Inseln, die sich vom Europäischen Reich abgespalten hatten, der Pferdefreund-Club konstituierte und die Möglichkeit bestand, daß dort Pferde wieder geritten werden konnten. Wegen dieser Pferdeapartheidspolitik wurden die Flüge dorthin verboten, was allerdings einen regen Fährverkehr zur Folge hatte, die Fähren jedoch ohne Fahrplan und unregelmäßig ausliefen. Im Jahre 2007 war ein organisierter Ring aufgeflogen, der illegal Sattelzeug und sogar Trensen nach Teneriffa schmuggeln wollten. Nach Unbrauchbarmachung wurden die Teile im Meer versenkt.

Nachdem die Pferdezahl der USE auf 15 000 im Jahre 2009 abgesunken ist (davon 12 000 in Freiluftgehegen im Zoo), hat man erstmals einen Vertreter der Pferde-Revival-Partei zu Wort kommen lassen. Den einzigen Kompromiß, den er bei seiner Intervention erreichen konnte, war die Aufhebung der Pferdestreichelverordnung. Pferde dürfen demnach seit 2009 wieder gestreichelt werden, allerdings mit der Auflage, nicht gegen den Strich zu streicheln.

Im Mai 2010

Wollen wir hoffen, daß es uns erspart bleibt, daß diese in George-Orwell-Manier provokativ geschriebenen Zeilen Wirklichkeit werden.
Im Oktober 1993 wurde die Bundesvereinigung für gewaltfreies Reiten e.V. in München gegründet, die inzwischen (Ende 1994) 1534 Mitglieder zählt. Bei einer Unterschriftensammlung kamen immerhin 20 000 Unterschriften zusammen, die zur Ächtung schmerzverursachender Hilfsmittel

Im Oktober 1993 wurde die Bundesvereinigung für gewaltfreies Reiten e.V. in München gegründet.

beim Pferd aufrufen. Der Präsident der Bundesvereinigung Fred Rai übergab der Bundesjustizministerin Frau Leutheusser-Schnarrenberger anläßlich des Bundeskongresses diese Unterschriftensammlung. Frau Leutheusser-Schnarrenberger – selbst Mitglied der Bundesvereinigung – sieht Ansporn und Unterstützung in ihrem Bemühen, den Tierschutz im Grundgesetz zu verankern.

Der schnell wachsende Verband verfolgt im wesentlichen Ziele des Tierschutzes und spezialisiert sich auf den Schutz der Pferde. Er will möglichst viele Menschen, vor allem aber Reiter, darüber aufklären, daß Pferde keinen Schmerzlaut haben (falsch). Pferde leiden stumm, wenn sie von wohlmeinenden Reitern unbewußt und im Hochleistungssport auch bewußt gequält werden, so Rai. Er will schonungslos über den Mißbrauch der Pferde im Hochleistungssport aufklären, er will sich für die artgerechte Haltung und Pflege einsetzen und zudem dafür kämpfen, daß grenzüberschreitende Schlachtviehtransporte verboten werden. Zentrale Aufgabe sei es zu zeigen, daß Reiten ohne Peitsche, Sporen, Kandare und Ausbindezügel nicht nur möglich, sondern sehr viel einfacher, weil natürlich ist.

Sollte hier das Endziel sein, das Reiten abzuschaffen?

Sollte hier das Endziel sein, das Reiten abzuschaffen? Ganz ohne Erziehungshilfen geht es nicht – weder beim Hund noch beim Pferd. Wesentlicher Grund: Es ist gefährlich, wenn Hund und Pferd im richtigen Augenblick keinen Gehorsam zeigen. Wieviele Hunde sind schon unter ein Auto gekommen, weil sie dem verzweifelten Ruf des Herrchens nicht gefolgt sind?! Wieviele Reitunfälle sind geschehen, weil der Reiter mangels Einwirkungshilfen dem stürmischen Drängen des Pferdes nicht Einhalt gebieten konnte?!

Sehr geehrte Frau Leutheusser-Schnarrenberger, hoffentlich kommen Sie bei Ihrem Engagement nicht unter das Pferd zu liegen! Gehen Sie dort hin, wo wirklicher Tierschutz gefordert ist. Dort muß eingegriffen werden.

Richard Meade, der Olympiasieger von München 1972, lebt in England und ist dort mit ähnlichen Problemen des Tierschutzes befaßt. Er hat mir ein Beispiel aus seiner Sicht geschildert: Wenn in England ein Kind in einen Verkehrsunfall verwickelt wird, gehen die Emotionen hoch, und die Eltern werden beschimpft, daß sie nicht auf ihr Kind aufgepaßt haben. Wenn ein Hund unter das Auto gerät, sagen die Leute: »The poor dog!« Bei aller Würdigung des Tierschutzes und bei allem Respekt vor Gottes Schöpfung müssen wir doch immer noch klar unterscheiden: Hier ist der Mensch und dort das Tier!

Gleichwohl sind alle Initiativen, die das Verbot des Lebendtransports von Schlachttieren zum Ziel haben, zu unterstützen. Aus diesem Grund kann ich mich der Empörung der Föderation Europäischer Tierärzte (FVE) nur anschließen, daß noch immer keine geeigneten Maßnahmen auf europäischer Ebene getroffen worden sind, um tierquälerische Transporte zu unterbinden. Der Transport der Tiere ist der eine Skandal, die lähmende Vorgehensweise der europäischen Volksvertreter ist der andere, nicht weniger verabscheuenswerte Skandal. Im besonderen wird von seiten der Föderation bemängelt, daß die Transport-Richtlinien aus dem Jahre 1991 noch immer nicht nach tierschutzgerechten Maßstäben gemäß Artikel 14 überarbeitet wurden. Und dies, obwohl dem Europäischen Ministerrat bereits seit August bzw. Dezember 1993 wichtige Vorschläge der Kommission und des Europäischen Parlaments vorliegen, von Unterschriftensammlungen mit mehr als 4 Millionen Eintragungen einmal ganz abgesehen.

Die Generalversammlung der Föderation fordert mit Recht, daß unverzüglich Maßnahmen zum Schutz von Schlachttieren beim Transport ergriffen werden. Hier die Forderungen:

1. Senkung bzw. **Abschaffung der Exporterstattungen** für Schlachttiere. Die von der Kommission gewährten Exporterstattungen für Lebendvieh müssen entfallen oder deutlich geringer sein als die Erstattung für Fleisch.
2. Ersatz von Schlachttiertransporten durch **Transport von Produkten tierischer Herkunft,** wo immer dies möglich ist.
3. **Begrenzung der Transportdauer** für Schlachttiere auf höchstens 8 Stunden.
4. **Zulassungspflicht für Transportmittel,** die für gewerbliche Tiertransporte verwendet werden.
5. Zur Durchführung von Tiertransporten dürfen nur Personen zugelassen werden, die **Kenntnisse** und Erfahrungen im Hinblick auf derartige Beförderungen nachweisen können.
6. Tiertransporte müssen besser **kontrolliert** werden. Dazu ist eine Verbesserung der personellen Besetzung der Kontrollbehörde notwendig. An den Grenzen hat eine bevorzugte Abfertigung von Tiertransporten stattzufinden.

Das deutsche Tierschutzgesetz beruht auf der Grundkonzeption eines ethisch ausgerichteten Tierschutzes im Sinne der

Das deutsche Tierschutzgesetz beruht auf der Grundkonzeption eines ethisch ausgerichteten Tierschutzes.

Mitverantwortung der Menschen für das seiner Obhut anvertraute Lebewesen, das wir als Mitgeschöpf bezeichnen. Diese Grundkonzeption kann nicht durch Vorschriften der Europäischen Union über den freien Warenverkehr und über das reibungslose Funktionieren von europäischen Marktorganisationen ausgehebelt und außer Kraft gesetzt werden. Der Tierschutz darf in einem grenzenlosen Binnenmarkt nicht auf der Strecke bleiben. Es gibt keinen Grund, Pferde von Polen bis Marseille oder noch weiter durch Europa zu karren, sie quälender Hitze und endlosen Staus auszusetzen, ohne Pause und ausreichende Ernährung. Es gibt für diese schlimme tägliche Praxis keine vernünftigen Gründe, und doch ist dieser tierschutzwidrige Transport europäische Realität. Die Europäische Union hat Kompetenzen zur Regelung des Handelsverkehrs und der Wettbewerbsbedingungen. Das ist unbestritten. Aber die Europäische Union verfügt über keine spezifischen Tierschutzkomponenten. Daraus ergeben sich die geschilderten schwerwiegenden Konflikte.

Der Tierschutz darf in einem grenzenlosen Binnenmarkt nicht auf der Strecke bleiben.

Herr Bundesminister Borchert, Sie haben als gewählter Vertreter des Volkes einen eindeutigen Wählerauftrag. Halten Sie die Tierfreunde auf dem laufenden. Wir wollen von Ihnen Aktionen sehen und über Ihre Aktivitäten permanent informiert werden!

Immerhin hat sich sogar das Bundesministerium für Ernährung, Landwirtschaft und Forsten Gedanken über den Tierschutz im Pferdesport gemacht. Seit dem 1. 11. 1992 existieren die »Leitlinien für den Tierschutz im Pferdesport«, die von einer speziell für dieses Thema einberufenen Arbeitsgruppe Tierschutz und Pferdesport erarbeitet wurden. Ich kann mich nicht mit allen Punkten dieser Leitlinien identifizieren. Ich habe dem Bundesministerium einen Brief geschrieben, der allerdings ohne Antwort blieb.

Beispielsweise habe ich mir bezüglich des **Nervenschnittes** im Laufe der Jahre eine eigene Meinung gebildet. Außer dem sogenannten tiefen Nervenschnitt sollte jeder Eingriff in dieser Richtung verboten werden. Eine Ausnahmesituation stellt die Indikation für den tiefen Nervenschnitt dar. Bei der Indikation zu diesem Eingriff handelt es sich in der Regel um einen chronischen und unheilbaren Schmerz im Bereich der Hufrolle. Diese Erkrankung darf man ruhig als Berufskrankheit des Reitpferdes bezeichnen. Bei dieser Diagnose existieren verschiedene Alternativen:

- Weidegang
- Weidegang unter schmerzlindernder Medikation
- sportlicher Einsatz unter Medikation
- Nervenschnitt
- Schlachtung

Wer gibt mir als Mensch oder Tierarzt das Recht, ein Tier wegen eines unglücklichen chronischen Schmerzzustandes schlachten zu lassen? Das muß jeder mit seinem Gewissen verantworten. Weidegang unter Schmerzen stellt einen tierschutzrelevanten Tatbestand dar und kann nicht im Sinne des Tieres sein. Es ist darüber hinaus fraglich, ob es sinnvoll ist, mit einem Pferd zu züchten, das möglicherweise an einer vererbbaren Erkrankung leidet. Die medikamentöse Dauertherapie ist immer mit Nebenwirkungen verbunden und kann nur als Kurzzeitlösung dieses Problems angesehen werden.

Weidegang unter Schmerzen stellt einen tierschutzrelevanten Tatbestand dar.

Nachdem international sozusagen die Nullösung besteht, die die Anwendung jeglicher Substanzen seit dem 1. 1. 1994 verbietet, können Pferde mit Schmerzmitteln nicht mehr im Sport eingesetzt werden. Wenn nun der Tierarzt aber über eine Technik verfügt, die dem Schmerz für einen relativ längeren Zeitraum Einhalt gebietet, kann es nicht verwerflich sein, diesen Eingriff vorzunehmen. Im Gegenteil, es handelt sich um eine verhältnismäßige und ungefährliche Maßnahme, die eine willkommene Alternative zum Schlachthof sein kann. Insofern ist der Wortlaut: »Ein Pferd mit Nervenschnitt (Neurektomie) in einem Wettbewerb zu starten kann zu Schmerzen, Leiden oder Schäden führen und ist daher unzulässig« falsch. Ich habe angeraten, diesen Passus noch einmal zu überdenken.

Schmerz

Der Schmerz ist ein natürliches Phänomen und Begleitsymptom einer Entzündung, die außerdem noch vermehrte Wärme, Rötung und eine gestörte Funktion zur Folge hat. Der Entzündungsschmerz wird durch Gewebshormone ausgelöst, was durch feinmaschige Rezeptoren sozusagen als Warnsignal dem Gehirn mitgeteilt wird, das seinerseits reflektorisch im freien Endnetz auslaufende Nervenendigungen in Erregung versetzt – die Folge ist beispielsweise ein Schonen der betroffenen Gliedmaßen. Dieser Mechanismus bedingt die Schmerzempfindung, ein anderer bedingt in einer komplexen Leistung die Schmerzbewertung, die man als Leiden oder Pathos bezeichnet.

Schon Aristoteles hat sich im Garten des Akademos mit der Physis und Psyche des Tieres beschäftigt. Er teilte die Seele dreifach ein in: ANIMA VEGETATIVA, die allen Lebewesen, den Pflanzen, Tieren und Menschen, eigen ist, ANIMA SENSITIVA, die Tiere und Menschen auszeichnet, und ANIMA INTELLECTUALIS, die vernünftige Seele, die ausschließlich der Mensch besitzt.

Die Säugetiere verfügen über ein Schmerzsystem, das dem des Menschen sehr ähnlich ist.

Die Säugetiere verfügen über ein Schmerzsystem, das dem des Menschen sehr ähnlich ist. Auch die echten Ausdrucksbewegungen wie Flucht, motorische Desorganisation, Aggressivität gleichen zu einem großen Teil denen des Menschen, und so besteht kein Zweifel, daß die höheren Tiere Schmerz empfinden. Der Grad des Schmerzes ist bei den verschiedenen Tierarten und -rassen recht verschieden. Interessant ist aber auch der Unterschied des Schmerzes je nach Alter. Bei den sogenannten Nesthockern, die hilflos, unreif, nackt oder blind geboren werden wie Hund, Katze und Kaninchen ist die Entwicklung des Gehirns zum Zeitpunkt der Geburt noch nicht abgeschlossen. Ihr Schmerzempfinden ist in den ersten 14 Tagen gering. Anders verhält es sich bei den Nestflüchtern wie beispielsweise Pferd und Rind, die bei der Geburt gut entwickelt sind. Bei dieser Gruppe ist das Schmerzempfinden sogar stärker ausgeprägt als bei erwachsenen Tieren.

Dem Schmerz kommt eine hohe biologische Bedeutung zu.

Dem Schmerz kommt eine hohe biologische Bedeutung zu. Er ist der große Mahner, der »bellende Wachhund«. Außerdem hat er Warnungscharakter, aufgrund dessen Mensch und Tier eine Wiederholung der schädlichen Erfahrung zu vermeiden lernen.

Zum Schmerz gesellt sich in bemerkenswertem Ausmaß das Urgefühl Angst, wenigstens bei den höheren Tieren. Im Augenblick der Bedrohung sind die Augen weit aufgerissen, die Pupillen sind weit, das Herz klopft stürmisch, die Haare sträuben sich, Schweiß bricht aus, Muskelzittern, Zähneklappern, Darmspasmen und gelegentlich kopflose Reaktionen, ähnlich wie beim Menschen, sind zu beobachten. Das Gefühl des Bedrohtseins, zwar nicht als Gewissensangst, wohl aber als Realangst, wird dann wirksam, wenn der vermeintlichen Gefahr nicht instinktgerecht begegnet werden kann, also Flucht oder Angriff nicht möglich ist. Der Angst ist das Tier ebenso hilflos ausgeliefert wie dem Schmerz. Solche Angsterlebnisse werden oft zeitlebens nicht vergessen und können das Gesamtverhalten eines Tieres völlig verändern.

Die Bedeutung des Schmerzes für die reiterliche Ausbildung des Pferdes ist häufig diskutiert worden. Die reiterlichen Anforderungen an das Pferd gehen über das natürliche Bewegungsangebot hinaus. In der Regel sind sie auch nicht nur durch die Verstärkung bestimmter Verhaltensweisen mit Hilfe von Belohnungen zu erreichen. Zur Modifikation des Verhaltens des Pferdes bedient sich der Reiter vielmehr – nach dem Vorbild der Natur – auch der Strafe, die in mehr oder minder intensiven Schmerzreizen besteht. Mit Reflexen des Pferdes auf Berührungsreize des Menschen läßt sich die Ausbildung nicht erklären. Bei der Einwirkung des Menschen auf das Pferd kommt es vielmehr darauf an, die unkontrollierbaren Reflexe auf Berührungsreize abzubauen und sie durch kontrollierbare Reaktionen auf dosierte Schmerzreize zu ersetzen. Letztere lassen sich durch eine konsequente, schrittweise vorgehende und an der natürlichen Bewegungsentfaltung des Pferdes orientierte Ausbildung auf das angesichts bestimmter reiterlicher Ziele unumgängliche Maß reduzieren.

Die Ausbildung des Pferdes ist in der Regel nicht ohne Schmerzen zu erreichen. Die Ausbildung gewinnt deshalb eine moralische Dimension, weil sie einem artifiziellen und insofern letztlich auch verzichtbaren Anliegen des Menschen entspricht (Meyer).

Wer beim Pferd über Schmerzen redet, kommt zwangsweise an einem traditionellen, seit Jahrhunderten gepflegten Brauch nicht vorbei – dem **Brennen**. Das Brennen dient in seiner heutigen Form zur Identifizierung eines Pferdes. Dazu hat man neben dem Brennmuster der Zuchtstätte vor einigen Jahren den Nummernbrand eingeführt. Es handelt sich um nicht veränderbare Abzeichen, die entweder am linken Hinterschenkel oder am Hals angebracht werden (Mähnenbrand). Gebrannt wird in der Regel im Fohlenalter. Das Brennen wird vom Zuchtverband durchgeführt.

Wir kennen den Wortlaut des Tierschutzgesetzes, in dem es heißt, daß man ohne »vernünftigen Grund« einem Tier keine Schmerzen bereiten darf. Die Befürworter des Brennens sehen in der Kennzeichnung des Pferdes durchaus einen vernünftigen Grund. Nach den Kriterien der Europäischen Union besteht für jedes Tier (auch für Schlachttiere) eine Kennzeichnungspflicht. Mit dem Nummernbrand wäre dieser EU-Auf-

Der Angst ist das Tier ebenso hilflos ausgeliefert wie dem Schmerz.

133

lage Genüge getan. Daß der Vorgang des Brennens auch bei sachgerechter Ausführung beim Brennen selbst und natürlich in Form eines Wundschmerzes dem Tier Schmerzen bereitet, steht außer Zweifel. Die Traditionalisten sagen natürlich, daß seit Jahrhunderten gebrannt wird und sich jahrhundertelang keiner um diese Fragestellung Gedanken gemacht hat. Das ist richtig. Aber nun wurde auch von Gesetzgeberseite dieser Vorgang aufgegriffen, und ich denke, daß es gerade im Rahmen der von mir gewünschten Abklärung gewisser Dinge besonders wichtig ist, diese Maßnahme sachlich aufzuarbeiten. Hierzu besteht derzeit (1995) ein Untersuchungsauftrag, den die Landwirtschaftliche Fakultät in Stuttgart-Hohenheim übernommen hat. Das Ergebnis wird richtungsweisend für die Zukunft sein. Deswegen kann ich zum jetzigen Zeitpunkt auch noch keine abschließende Beurteilung vorlegen.

Wie auch immer: Nachdem die Zuchtverbände und auch die FN das Brennen als unverzichtbare Maßnahme ansehen, ist es ohne weiteres möglich, mit Hilfe einer örtlichen Betäubung eine schmerzfreie Fläche zu erzielen, auf der dann der Brand angebracht werden kann. Wenn das Brennen schon von solch entscheidender Wichtigkeit ist, sollte die Lokalanästhesie akzeptiert werden.

Wenn das Brennen schon von solch entscheidender Wichtigkeit ist, sollte die Lokalanästhesie akzeptiert werden.

Daß alternative Methoden der Kennzeichnung bereits existieren, ist bekannt. Alle amerikanischen Vollblüter werden beispielsweise durch eine Oberlippentätowierung gekennzeichnet. Manche Länder führen einen sogenannten Kaltbrand durch (Freezebrand), der allerdings bei Schimmeln wirkungslos ist, weil die Haare an der Brennstelle weiß werden. Es sei auch darauf hingewiesen, daß die klassischen Pferdezuchtländer wie Frankreich und Irland überhaupt nicht brennen.

Die moderne Chiptechnik macht es möglich, daß nur millimeterkleine Datenchips unter die Haut transplantiert werden können. Auch hier bestehen bereits verläßliche Systeme, die aber den Nachteil haben, daß ein sogenannter Transponder (Lesegerät) benötigt wird, um die Daten abzulesen. Bis jetzt hat man sich europaweit noch nicht auf ein einheitliches System geeinigt, was Grundvoraussetzung für eine flächendeckende Einführung wäre. Übrigens verletzt auch das Einbringen eines Chips die körperliche Integrität des Tieres. Man täte gut daran, rechtliche Gesichtspunkte bereits im Vorfeld abzuklären, nicht daß man nach einer allgemeinen Einführung plötzlich feststellen muß, daß das Einbringen eines Mikrochips einen tierschutzrelevanten Vorgang darstellt.

Tierversuche

Da das Pferd wegen seiner hohen entwicklungsgeschichtlichen und sportsozialen Bedeutung auch Bestandteil der Forschung sein kann, liegt es nahe, daß an Pferden oder für Pferde Tierversuche unternommen werden. Die Bewertung bedarf einer grundsätzlichen Vorbetrachtung.

Für die optimale medizinische Versorgung des ranghöchsten Säugetiers, des Menschen, waren lange Jahre sämtliche Mittel recht – auch der uneingeschränkte Tierversuch –, Forschungen für dessen Wohlergehen durchzuführen. Tierversuche für andere Zwecke wie die Untersuchung kosmetischer Präparate halte ich für sehr fragwürdig, und sie sind auch grundsätzlich verboten. Es geht auch in Ordnung, wenn Tierversuche von der Behörde genehmigungspflichtig sind. Die Richtlinien sind derzeit sehr eng gefaßt. Man darf nicht vergessen, daß man viele Infektionskrankheiten bis heute nicht in den Griff bekommen hätte, wenn nicht Versuche an Tieren vorgenommen worden wären.

Besonders die Herstellung und Anwendung von Impfstoffen konnten dadurch vorangetrieben werden. Auch heute noch müssen bei einem Medikament, bevor es beim Menschen eingesetzt werden darf, zwei wesentliche Kriterien erfüllt sein: **Wirksamkeit** und **Unschädlichkeit.** Therapeutische Seren (Heilseren) sind nur mit Hilfe von Tieren zu gewinnen. Wenn man die Alterntive betrachtet, ob der Mensch das »Versuchstier« sein soll, bestehen keine großen moralischen Bedenken, für das Tier zu votieren.

Alternativen zum Tierversuch existieren aber dennoch. Durch die Einführung lebender Zellkulturen kann sehr häufig auf den Tierversuch verzichtet werden. Wenn die Zielsetzung eine Verwendung von Zellkulturen erlaubt, ist natürlich dem Zellkulturversuch der Vorzug zu geben. Trotzdem wird eine bestimmte Zahl von Tierversuchen auch in der Zukunft aus medizinischem Interesse unumgänglich sein.

Das Tierschutzgesetz regelt in seinem fünften Abschnitt sehr genau die Durchführung von Tierversuchen. Sie sind nur

Wenn man die Alterntive betrachtet, ob der Mensch das »Versuchstier« sein soll, bestehen keine großen moralischen Bedenken, für das Tier zu votieren.

erlaubt, wenn sie zu einem der folgenden Zwecke unumgänglich sind:

1. Vorbeugen, Erkennen und Behandeln von Krankheiten und Leiden bei Mensch und Tier.
2. Erkennen von Umweltgefährdungen.
3. Prüfung von Stoffen oder Produkten auf ihre Unbedenklichkeit für die Gesundheit von Mensch und Tier oder auf ihre Wirksamkeit gegen tierische Schädlinge.
4. Grundlagenforschung.

Versuche an Wirbeltieren dürfen nur durchgeführt werden, wenn die zu erwartenden Schmerzen, Leiden oder Schäden der Versuchstiere im Hinblick auf den Versuchszweck ethisch vertretbar sind.
Tierversuche zur Entwicklung oder Erprobung von Waffen, Munition oder dazugehörigem Gerät sind verboten.
Tierversuche zur Entwicklung von Tabakerzeugnissen, Waschmitteln und dekorativen Kosmetika sind grundsätzlich verboten.
Das Tierschutzgesetz ist durch das Gentechnikgesetz (1990) erweitert worden. Das heißt, daß Versuche an Tieren verboten sind, wenn sich damit Auswirkungen auf Erbgutveränderungen ergeben.
Soweit die Bestimmungen, die von der Sache her in Ordnung sind. Die üblichen Fragen plagen uns jedoch einmal mehr: Wer kontrolliert? Sind genügend Kontrollorgane vorhanden? Inwieweit fügt sich die Industrielobby? Welche Gesetzeslücken bieten sich?
Im Zuge der europäischen Harmonisierung wurde 1986 sogar eine EG-Richtlinie verabschiedet. Sie ähnelt prinzipiell den deutschen Richtlinien. Die Grundsätze in der Verwendung und Behandlung von Tierversuchen sind mit den »drei R's« definiert:

○ Refinement (Verfeinerung)
○ Reduction (Verringerung)
○ Replacement (Ersatz)

Die Betroffenheit vieler Bürger, die dem Tier als Geschöpf Gottes wie dem Menschen Schmerzen ersparen wollen, ist verständlich.

Die Betroffenheit vieler Bürger, die dem Tier als Geschöpf Gottes wie dem Menschen Schmerzen ersparen wollen, ist verständlich. Dennoch darf ich als Schulmediziner auf die Notwendigkeit einzelner ausgewählter und indizierter Versuche verweisen.

136

Die Amerikaner denken – wie auf manch anderen Gebieten – auch bezüglich der Tierversuche ganz anders. Außerdem scheint bei ihnen die Industrielobby noch viel mehr Macht als in Europa zu haben. So ist für den Nachweis von Nebenwirkungen des in einem vorangegangenen Kapitel beschriebenen Phenylbutazons eine Versuchsgruppe von Pferden gebildet worden, die nach Beendigung des Versuchs zum Zwecke der pathologischen Untersuchung kurzerhand geschlachtet wurden. Die Erkenntnisse waren sehr wertvoll. Jetzt weiß man, daß diese Substanz bei entsprechender Dosierung zu Magen- und Darmgeschwüren führt. Weder in der Forschung noch in der Industrie wäre in Europa dieser Versuch genehmigt worden. Durch endoskopische Untersuchungen hätte man zumindest ähnliche Erkenntnisse erhalten können. Makabre Begleiterscheinungen dieses Versuchs: Das Ergebnis hat mit dazu beigetragen, das Verbot von Phenylbutazon für den Reitsport durchzusetzen.

Epikrise

In der Medizin versteht man unter Epikrise eine zusammenfassende Bewertung eines Falles nach Entstehung, Verlauf und Ausgang. Nachfolgend werde ich versuchen, dieses Anliegen auf meine Ausführungen zu übertragen.

Ein in den USA um sich greifender Trend signalisiert, daß Institutionen als moralische Persönlichkeiten zu sehen seien. Führungs- und institutionelle Verantwortung in Organisationen haben zu der Frage Anlaß gegeben, ob kollektive oder individuelle Verantwortlichkeiten bestehen. Das ist nicht ganz unproblematisch, denn wenn nur das Kollektiv verantwortlich ist, scheint die Einzelperson nicht mehr verantwortlich zu sein. Für Gruppenverantwortungen muß also eine persönliche Mitverantwortung gegeben sein.

Wenn nur das Kollektiv verantwortlich ist, scheint die Einzelperson nicht mehr verantwortlich zu sein.

Für die Zuständigkeitsdiskussion bedeutet das zu fragen, ob weiterhin nur jeweils der einzelne – der Athlet, Trainer, Tierarzt, Offizielle – allein verantwortlich gemacht werden kann. Oder bestehen tatsächlich übergreifende institutionelle Verantwortlichkeiten der Verbände für systemhafte Zusammenhänge, die weit über die Möglichkeiten eines Individuums hinausgehen? Die Doppelmoral des öffentlich verurteilten, insgeheim jedoch geförderten Dopings, des von Publikum und Presse kategorisch geforderten Erfolgs, die nach außen hin abgelehnten »taktischen Fouls« oder beim Pferdesport die Manipulation (»ein bißchen Doping darf sein«) zeigen, daß der einzelne zwischen zwei Lagern in eine Konfliktsituation gerät.

Kann man dem Einzelakteur nach wie vor alle Verantwortlichkeit zuschieben, wenn strukturelle Bedingungen ihn in das Dilemma gebracht haben? Kann man mit der Entwicklung einer Doppelmoral des öffentlichen Wohlverhaltens und der heimlichen Erfolgsmaximierung wirklich und wirksam einem solchen Dilemma entgehen? Wenn jeder heimlich von der Verletzung einer sinnvollen, allgemeinen Norm zu profitieren versucht, löst sich die Gültigkeit dieser Norm auf; Regelwirksamkeit und Moral verfallen. Die Dynamik des Dilemmas ist groß.

Verfällt aber die Regelbefolgung so weit, daß Regelbrechen zur Regel wird, dann ist jede Regel ineffizient und sinnlos. Deshalb geraten Sportler, Politiker und Wirtschaftler, die sich an faire Regeln der Auseinandersetzung in der Konkurrenz halten, in ein tragisches Dilemma der selbstzerstörerischen Systemdynamik. Derjenige, der sich brav an die Regel hält, wird benachteiligt. Andererseits produziert der durch Normverletzungen Erfolgreiche geradezu systematische Nachahmer. Das System zerstört sich selbst. Nicht geahndete Regelverletzungen eskalieren im Sinne einer positiven Rückkopplung, wenn sie den Verletzer systematisch besser stellen und nicht kontrolliert werden. Der Schein der Normeneinhaltung bleibt an der Oberfläche gewahrt, unterschwellig herrscht das Gesetz der Erfolgsmaximierung bis hin zur Regelanarchie. Hat der Hochleistungssport dieses Stadium bereits erreicht? Der gutwillige Akteur mit seinen Fairneßidealen scheint bereits auf der Strecke zu bleiben.

Derjenige, der sich brav an die Regel hält, wird benachteiligt.

Argumente wie »der Sport ist der Spiegel der Gesellschaft« werden entschuldigungheischend vorgeschoben. Die Erkenntnis der Strukturgleichheit wirtschaftlicher, gesellschaftspolitischer und sportlicher Konkurrenz kopiert die marktwirtschaftliche Maxime: »Je besser die Leistung, desto besser der Gewinn.« Bedeutet der wirtschaftliche Gewinn wirklich auch bessere Leistung? Daraus könnte gefolgert werden: »Je weniger Gewinn, desto geringer die Leistung.«

Genau hier liegt der Punkt, wo gegengesteuert werden muß. Wenn die Wirtschaft dem Sport ins Gewissen redet, die Sauberkeit zu wahren, nicht zu dopen, weil sonst der Sport seine Attraktivität verlieren und die Wirtschaft nicht mehr bereit sein könne, in ihn zu investieren, müssen zwangsweise die Leistungen sinken. Der Teufelskreis ist da. Das Patentrezept zur Gegensteuerung kann auch an dieser Stelle nicht gegeben werden. Mit Pauschalierungen kann das Problem ebenfalls nicht gelöst werden. Möglicherweise ist die allgemein einsetzende Initiative für Fairplay im Sport ein Signal, daß zukünftig fairer miteinander umgegangen wird. Werte, an denen das System gesunden könnte, wie Güte, Nächstenliebe und Opferbereitschaft werden nicht prämiert. Durchsetzungsvermögen, Härte und Ellbogenstärke sind die Synonyme für Führungsstärke.

Jörg Kaspar Roth ist der Meinung: »Je unklarer die Spielregeln, je schwächer der Schiedsrichter, je parteiischer das Publi-

*Das Herunter-
schrauben
ökonomischen
Drucks ist
ein wichtiger
Teilaspekt.*

kum und je größer die Siegprämie, desto rücksichtsloser ist das Foulspiel.« Das Herunterschrauben ökonomischen Drucks ist ein wichtiger Teilaspekt, kann aber das Problem allein auch nicht lösen, denn die Brutalisierung findet auch in Sportarten statt, die keine besonderen Prämien und Verdienstmöglichkeiten bieten.

Selbst der Deutschen Sporthilfe – dem Lieblingskind von Josef Neckermann – bleibt für die finanziellen Zuwendungen an die Sportler nur das Kriterium: »Ohne Leistungsnachweis kein Geld.« Aus der Sicht der Sporthilfe ist dies vollkommen verständlich; es fällt ausgesprochen schwer, eine andere Entscheidungshilfe zu finden. Aber genau dieser Leistungsdruck animiert außer zu tatsächlich harter Trainingsarbeit zu allen möglichen Maßnahmen, über die zwar gesprochen wird, die aber nicht ergriffen werden.

Nachwort

Daß dieses Buch Staub aufwirbeln wird, war mir bereits vor seiner Entstehung bewußt. Meinem vordringlichen Anliegen, Tabus zu ignorieren, Mißstände aufzudecken und sie zu analysieren, konnte ich hoffentlich in der gebotenen Weise nachkommen. Ich wollte kritisieren, aber keinesfalls diffamieren. An meiner Einstellung zu dem für mich nach wie vor wunderbaren Pferdesport hat sich nichts geändert. Ich werde auch zukünftig vordringlich meinen Wirkungsgrad am Pferd orientieren. Von Berufs wegen bin ich in der glücklichen Lage, direkt helfen zu können.

Wo die Basis zunehmend kritischer wird, wo sie von der Vereinsmeierei frustriert ist, eint über Nacht ein gemeinsam erkannter Feind. Feindbilder stellen oft den Leim für konstruktive und kollektive Gemeinsamkeiten dar.

Nur wenn wir vereint Mißstände erkennen und bekämpfen, wird der Pferdesport auch im nächsten Jahrhundert seine Daseinsberechtigung haben und vielen Menschen den notwendigen Ausgleich zur High-Tech-Welt der Zukunft bieten.

Erklärung der Fachwörter

aerob	Stoffwechselprozesse, die nur in Anwesenheit von Sauerstoff ablaufen.
Azyklie	Ausbleiben der Rosse.
Bluttiter	Quantitativer Nachweis von Antikörpern im Blut.
Breakeven Point	Maximale Belastbarkeitsgrenze.
CAS	Zweite und letzte Sportgerichtsinstanz, unabhängige Instanz beim IOC.
Clenbuterol	Als wirksames Medikament bei chronischen Lungenerkrankungen eingesetzt, im jugendlichen Alter mit muskelbildendem Effekt, die »Krabbe-Droge«.
Code of Conduct	Katalog von Verhaltensregeln für alle im Pferdesport involvierten Personen; muß in jeder internationalen Turnierausschreibung erwähnt werden.
Corporate Identity	Auf ein Objekt oder eine Institution zugeschnittene, meist unverwechselbare Identität.
dilatierend	Erweiternd.
DOKR	Deutsches Olympiade Komitee für Reiterei; eigenständige Verwaltung des Spitzensports mit Sitz in Warendorf.
Embryotransfer	Übertragung der befruchteten Eizelle von der tragenden Mutter auf eine sogenannte Leihmutter; wird meistens um die sechste Lebenswoche praktiziert.
Equiden	Von lat. Equus = das Pferd, auch Unpaarhufer genannt; Überbegriff für alle Pferde und pferdeähnlichen Arten wie Zebra, Esel, Maultier usw.
FEI	Federation Equestre Internationale, Weltreiterverband mit Sitz in Lausanne; Präsidentin La Infanta Doña Pilar de Bourbon (Schwester des spanischen Königs).
FN	Federation Nationale = Nationale Reiterliche Vereinigung = nationaler Dachverband.
Gaschromatographie	Übliches Analyseverfahren zur Feststellung von verbotenen Substanzen in Urin und Blut.
HD	Hüftgelenksdysplasie, vererbbarer Mangel; häufig bei großen Hunden; beim Deutschen Schäferhund durch konsequente Zuchtauslese praktisch getilgt.

Heat and Humidity-Forschungs-objekt	Im Hinblick auf die Olympischen Spiele in Atlanta vorgenommene fundierte Forschungsarbeit, um objektiv die Belastungen der Pferde unter der zu erwartenden Hitze, Sonneneinstrahlung und Luftfeuchtigkeit zu ermitteln.
Heredität	Vererblichkeit.
HVT	Hauptverband für Traber-Zucht und -Rennen; Dachorganisation der deutschen Traber.
Isoxsuprine	Medikament zur Verbesserung der unteren Gliedmaßenabschnitte; besonders bei Hufrollenerkrankung auch als Vorbeugung eingesetzt.
Joule	Einheit für die Wärmemenge.
Kehlkopf-pfeifer	Gesetzlicher Hauptmangel nach deutschem Recht, chronische und unheilbare Erkrankung des Kehlkopfes oder der Luftröhre.
Kissing Syndrom	Wenn die normalerweise anatomisch ca. 1 cm auseinanderliegenden Dornfortsätze im Brust- und Lendenwirbelbereich sich schmerzhaft berühren.
Lokalanästhetikum	Örtliche Betäubung.
Lumeneinschränkung	Reduzierung des Querschnitts eines Rohres oder rohrähnlichen Gebildes wie Kehlkopf, Luftröhre usw.
Luftsack	Nasennebenhöhle bei Pferden.
Massenspektographie	Hochempfindliche Nachweismethode von Dopingmitteln; wird meistens als Überprüfungsmethode der ersten Probe angewendet.
Muskelkapazität	Belastbare Grenze des Skelettmuskels.
Nanogramm	Gewichtseinheit, 1 ng = 1 Milliardstel Gramm, 10^{-9} Gramm.
NSAID	Nicht Steroide Entzündungshemmer, im Gegensatz zu den Steroiden meist cortisonhaltige Substanzen.
OCD	Osteochondrosis dissecans, Erkrankung des meist noch wachsenden Organismus, lokalisiert auf Knochen-Knorpel-Gewebe, bevorzugt an Sprung-, Knie- und Fesselgelenk auftretend; freie Gelenkskörper werden Dissekat oder anglikanisiert »Chip« genannt.
OIE	Internationale Tierseuchenbehörde mit Sitz in Paris; Sammelstelle und gleichzeitig übernationale Informationsquelle für alle weltweit auftretenden Tierseuchen, wertvoller Beitrag für überregionale Seuchenbekämpfung.
Outcross	Einbringen von völlig neuen Blutlinien in eine Zucht.
Pato	Dem Horse Ball ähnlicher Kampfsport; wird in Nordspanien (Galizien) und viel in Südamerika (Argentinien) gespielt.
Piroplasmose	Durch Zecken übertragene Blutkrankheit, in unseren Regionen ohne klinische Bedeutung; überstandene Er-

krankung geht mit lebenslangem Bluttiter einher; ungefährlich für andere Pferde, wenn Vektor (Zecke) nicht vorhanden ist.

Respirations-system	Atmungssystem; angefangen von der Nase bis zur Endaufzweigung der Lunge.
selektive Züchtung	Auf ein bestimmtes Ziel ausgerichtete Zucht unter Nichtverwendung unerwünschter Leitungsmerkmale.
sensorisch	Zu den Sinnesorganen gehörend.
seropositiv	Einen Grenztiter im Blut überschreitend; wird ermittelt durch Blutuntersuchung.
Spat	Überbegriff für Arthrosen am Sprunggelenk.
Spuren-elemente	Mineralstoffe, die lebensnotwendig sind, aber nur in »Spuren« in der Fütterung enthalten sein sollen: Eisen, Kupfer, Mangan, Selen usw.
Substitutions-therapie	Behandlung mit dem Zweck, die durch die sportliche Belastung verlustig gegangenen Mineralstoffe, Vitamine und Flüssigkeiten wieder zuzuführen.
Tent Pegging	Reiterkampfspiel, besonders in asiatischen Ländern (Indien, Pakistan) gespielt; nur Lokalcharakter, kurzfristig der FEI angeschlossen, aber wieder abgeschafft.
Tetanus	Durch anaerobe Bakterien verursachte Infektionserkrankung; Pferd und Mensch sind gleichermaßen gefährdet; durch sorgfältige Impfdisziplin nur noch seltene Fälle.
Tibia-Fraktur	Bruch des Schienbeins.

Literatur- und Quellenverzeichnis

APEL, W.: Tierschutz im Pferdesport – Gedanken des Pferdeschützers, in: Tagungsheft »Tierschutz im Pferdesport«, Stuttgart, 1993
BAUMANN, M.: Untersuchungen über die trainingsbedingte Beeinflussung des Immunsystems von Hochleistungs-Vielseitigkeitspferden, Diss., Uni München, 1990
BERENDONK, B.: Doping-Dokumente, Springer-Verlag, 1991
CRONAU, P. F., TILKORN, P.: Kritische Betrachtungen zum Dopingproblem bei Sportpferden, Tierärztliche Umschau, 1977, 613-615
CRONAU, P. F.: Wirbelsäulenerkrankungen beim Pferd, Vortrag, Coll. Chirurgicum Veterinarium, Mannheim, 1978
CRONAU, P. F.: Treating Veterinarian – Antidoping Control – Contradiction in terms?, Vortrag, Seminar für Sportmedizin, Madrid, 1990
CRONAU, P. F.: Mannschaftstierärztliche Betreuung der Deutschen Springreiter-Equipe am Beispiel der Olympiade 1988 in Seoul, Kammertagung der Tierärztekammer Mecklenburg-Vorpommern, Schwerin, 1990
CRONAU, P. F.: Doping im Pferdesport, Vortrag, Chirurgischer Pferdekongreß, Genf 1991
CRONAU, P. F.: Tierschutz im Pferdesport – Disziplin Springen und Dressur, Vortrag Landestierärztekammer Niedersachsen, 1992
CRONAU, P. F.: Equestrian Sport in Limelight ex Media, Vortrag, Ethische Kommission, FEI, Warendorf, 1992
CRONAU, P. F.: Phasing out Phenylbutazone, Vortrag, FEI-Bureau, Rio de Janeiro, 1993
CRONAU, P. F.: Tierschutz im Pferdesport, Polo-Magazine, Düsseldorf, 1993
CRONAU, P.F.: Medication in Competition Horses, BEVA-Congress, Warwick, 1993
CRONAU, P. F.: The detection of a denerved limb bad using the Ultrasound Technique, Swiss Vet., 1993, S. 159–161
CRONAU, P. F.: Ethik im Pferdesport, Sonderausgabe »de Hoefslag« anläßl. der WEG, 1994, Den Haag
CRONAU, P. F.: Der Tierarzt zwischen Therapie und Doping. Ist die Medikationserklärung zwingend? Vortrag, Dortmund, 1994

CRONAU, P. F.: The FEI and the Elite Sports, Vortrag, Seminar Stockholm, 1994

CRONAU, P. F.: Tierschutz nach den Regeln der FEI, in: Tagungsheft »Tierschutz im Pferdesport«, Stuttgart, 1993

DEUTSCHE REITERLICHE VEREINIGUNG/DOKR: Jahresbericht 1993

DITZ, W.: Doping im Pferderennsport, Centaurus-Verlagsgesellschaft, Pfaffenweiler, 1985

DIREKTORIUM für Vollblut-Zucht und -Rennen: Rennordnung, 1991

DONIKE, M., RAUTH, S.: Dopingkontrollen, Bundesinstitut für Sportwissenschaft, 1992, Handbuch Pferd, BLV-Verlag, II. Auflage, 1984

HERTSCH, B. ET AL: Vorkommen und Entwicklung röntgenologischer Befunde an den Zehen- und Sprunggelenken vom Fohlen bis zum Dreijährigen, Symposium Stuttgart, 1994

HESPELER, B.: Jäger wohin?, BLV, München, 1990

HOLLMANN, W., HETTINGER, TH.: Sportmedizin – Arbeits- und Trainingsgrundlagen, Schattauer-Verlag, Stuttgart, 1980

HORSES OF IRELAND: Agri-Books Ltd., 1981

KISSEL, A.: Statistische Untersuchungen zum Wettkampfeinsatz von Springpferden in Deutschland, Diss. TiHo Hannover, 1993

KLEIN, E.: Bitterer Sieg, Knaur, 1992

LENK, H.: Kritik der kleinen Vernunft, Suhrkamp-Verlag, 1990

LENK, H., PILZ, G. A.: Das Prinzip Fairneß, Edition Interfrom, 1989

LUIK, A.: Die Sportinterviews, rororo, 1991

MAYER, M.: Whatever happened in Madison Avenue, Lipcott-Verlag, New York, 1986

MEYER, H.: Zur Bedeutung des Schmerzes für die reiterliche Ausbildung des Pferdes, in: Tagungsheft »Tierschutz im Pferdesport«, Stuttgart, 1993

MOHRMANN-POCHHAMMER, G.: Reiten, Sportinform, 1994

v. OETTINGEN, B.: Grundzüge der Pferdezucht für Züchter und Landwirte, Parey-Verlag, 1920

PETERSEN, O.: Persönliche Mitteilung, Dezember 1994

SCHÄNZER, W.: Untersuchungen zum Nachweis und Metabolismus von Hormonen und Dopingmitteln, insbesondere mit Hilfe der Hochdruckflüssigkeitschromatographie, Diss. 1984

SEHLING, M., POLLERT, R., HACKFORT, D.: Doping im Sport, BLV, 1989

STERN. H.: Sterns Pferde, Kindler-Verlag, 1971

TOBIN, TH.: Drugs and the Performance Horse, C.C. Thomas-Verlag, Springfield, 1981

WILLIAMS, M.: Rekorde durch Doping, Meyer & Meyer-Verlag, 1990

Pferde verstehen – besser reiten